Luiza Hayashi Endo

CAFÉ TERAPÊUTICO
Ajudando e sendo ajudado ao tomar café

Prefácio por
Dr. Fábio Damasceno

Editora Quatro Ventos
Rua Liberato Carvalho Leite, 86
(11) 3230-2378
(11) 3746-9700

Diretor executivo: Raphael T. L. Koga
Editora Responsável: Sarah Lucchini
Equipe Editorial:
Natalie Arashiro
Paula de Luna
Gabriela Vicente
Ariela Oliveira
Revisão: Erika Alonso
Diagramação: Vivian de Luna
Coordenação de projeto gráfico:
Big Wave Media
Capa: Giovanni Lanigra

Todos os direitos deste livro são reservados pela Editora Quatro Ventos.

Proibida a reprodução por quaisquer meios, salvo em breves citações, com indicação da fonte.

Todas as citações bíblicas e de terceiros foram adaptadas segundo o Acordo Ortográfico da Língua Portuguesa, assinado em 1990, em vigor desde janeiro de 2009.

Todo o conteúdo aqui publicado é de inteira responsabilidade do autor.

Todas as citações bíblicas foram extraídas da Nova Versão Transformadora, salvo indicação em contrário.

Citações extraídas do site https://www.bibliaonline.com.br/nvt. Acesso em outubro de 2019.

1ª Edição: Janeiro 2020
1ª: Reimpressão: Maio 2024

Ficha catalográfica elaborada por Geyse Maria Almeida Costa de Carvalho – CRB 11/973

E56c Endo, Luiza Hayashi

Café terapêutico: ajudando e sendo ajudado ao tomar café / Luiza Hayashi Endo. – São Paulo: Quatro ventos, 2019.
184 p.

ISBN: 978-85-54167-34-9

1. Religião. 2. Deus. 3. Crescimento espiritual. 4. Terapia. I. Título.

CDD 207
CDU 27-1

Sumário

Introdução **17**

1 Os dias atuais, a correria e os cafés **23**

2 Comece desenvolvendo
amizade com Deus **35**

3 Aprendendo a fazer conexão
com as pessoas **47**

4 Café como momento de confissão **57**

5 Como fazer seu café ser terapêutico? ... **65**

6 Café terapêutico com mentoreamento .. **77**

7 Café terapêutico com crescimento
emocional e espiritual **87**

8 Minhas experiências
e o café terapêutico **111**

9 Jesus, a melhor companhia para
o café terapêutico **141**

10 As dificuldades para
o encontro terapêutico **167**

Considerações finais **179**

Endossos

"Nesta época pós-moderna, nos deparamos com muitas mudanças em todas as áreas da vida. As pessoas não estão tendo tempo hábil para amadurecerem emocionalmente, e, com a tecnologia oferecendo aplicativos para o telefone celular, mesmo que sejam superinteressantes e geniais, esses dispositivos têm roubado o calor humano nos lares, nas famílias, nas sociedades em geral e até mesmo nas igrejas. Sabendo disso, a autora Luiza, minha irmã, há muitos anos tem desenvolvido seu interesse em ajudar pessoas com problemas, não só na saúde física (ela é uma ótima otorrinolaringologista), mas na alma e no espírito. Quem não tem problemas? Todos nós carregamos marcas boas e problemáticas em alguma fase das nossas vidas. E se você deseja amadurecer emocionalmente, este livro o ajudará a desenvolver relacionamentos francos e amorosos, baseados no amor de Deus."

SARAH HAYASHI
Pastora fundadora da Zion Church de São Paulo

"Tomar café sempre foi uma das minhas maiores paixões, o que tornou a leitura deste livro ainda mais agradável. Sou testemunha de que a dra. Luiza realmente pratica tudo o que nos expõe nestas páginas em seus cafés terapêuticos. Seja com suas amigas, frequentemente, ou até mesmo comigo, que já tive inúmeras oportunidades de expor meus sentimentos, discutir assuntos e dar muita risada tomando um bom café na varanda da sua casa. Este livro, através das experiências pessoais, me desafiou a valorizar ainda mais esse tempo de café com outras pessoas, olho no olho, com a finalidade de expor minhas emoções, buscar conselhos, confessar, rir e, até mesmo, me inspirar. Minha sensação é a de que a falta de momentos terapêuticos está potencializando problemas muito comuns nos nossos dias, como ansiedade, estresse, depressão e falta de esperança. Eu vejo esta obra como uma ferramenta prática e de apoio, que ajudará muitos a viverem melhor seus dias."

RENATO GARCIA
Pastor da Igreja Viva e presidente da TAP
(ONG que desenvolve trabalhos
humanitários na África)

"Eu acredito que, se Jesus vivesse aqui na Terra nestes dias, Ele seria encontrado com frequência nas cafeterias. Com Zaqueu foi um jantar; com a mulher samaritana foi um gole de água; uma ceia com os discípulos; um lanche com Marta, Maria e Lázaro; pães e peixes com uma multidão; e uma porção de refeições com publicanos e prostitutas. Tenho certeza de que esses 'cafés' com Jesus transformaram a vida dessas pessoas. Como filha da autora, posso dizer que sou fruto de milhares desses cafés e refeições. Sempre saí de sua casa muito bem alimentada tanto no corpo quanto na alma e no espírito. Este livro nos impulsiona a termos esses cafés terapêuticos como estilo de vida, de modo que ouvimos e somos ouvidos, as conversas trazem alívio, refrigério e transformação. E isso só é possível porque Jesus sempre está conosco à mesa."

PRISCILA TAE ENDO GARCIA
Pastora da Igreja Viva

"A dra. Luiza, mais uma vez, alcança o coração de forma intencional! A cada página lida, tinha vontade de tomar café com uma amiga diferente, mas, principalmente, com Jesus. E foi o que fiz. O resultado foi um tempo intenso e real com Deus Pai, Jesus e o Espírito Santo. Que leitura! Recomendo a todos que caminham com pessoas, seja apenas por amizade, discipulado ou mentoria."

KEILA BRAGA CORTINA
Pastora da Hangar 7 Church

"Leitura imprescindível para todos nós que vivemos nesta era ocupada, rápida e *hightech*! Parar tudo para ouvir a Deus, escutar um amigo e conversar será terapêutico, libertador e edificante!"

JUAN PINHEIRO CORTINA
Pastor sênior da Hangar 7 Church

Dedicatória

Dedico este livro ao Mário, meu querido e amado esposo, sempre presente, amigo e companheiro desde os tempos em que sentava próximo a mim, na sala de aula da Faculdade de Medicina. São 53 anos de companheirismo e amizade, sendo ele o primeiro a tomar café ou chá terapêutico comigo.

Também dedico este livro às minhas filhas Priscila e Carisma e seus respectivos esposos e filhos, que aprenderam a amar a Deus de forma intensa e a servi--lO. Considero-as flechas que o Senhor colocou em nossa aljava, minha e de meu marido, sendo preparadas para serem lançadas a lugares mais altos e longínquos.

A todas as pessoas que me acompanharam nesta jornada com amizade sincera e terapêutica, e também àquelas que se sentaram comigo nos incontáveis cafés compartilhando suas histórias. Seria impossível nominá-las uma a uma neste espaço. Que Deus as abençoe!

Agradecimentos

Este é o tempo e a hora de dizer o quanto sou grata a Deus por ter enviado Jesus Cristo para me conectar com Ele e com a pessoa do Espírito Santo.

Agradeço aos meus pais por terem me ensinado a trilhar, desde pequena, o verdadeiro Caminho, que é a pessoa de Jesus Cristo. Minha vida passou a ter propósitos e destino após minha conversão a Jesus.

Agradeço aos meus irmãos da família Hayashi que, tantas vezes, me proporcionaram chás e/ou cafés terapêuticos, os quais, até hoje, perduram quando nos reunimos. Quando temos a oportunidade de estar juntos, experimento que rir é mesmo um bom remédio. Deus deu a todos nós muito senso de humor.

Agradeço à minha irmã e amiga Ruth pelo auxílio neste livro, e ao meu esposo Mário, que sempre me incentivou, e que, por conviver comigo, conhece bem as histórias, me ajudando a fazer uma disposição ordenada com esmero.

Ao dr. Fábio Damasceno, professor e pastor que dispõe de minha maior admiração, os meus agradecimentos, pois, mesmo em meio às muitas atividades, prontificou-se a prefaciar este livro.

Prefácio

Enquanto lemos este livro, saboreamos as descrições vívidas de cafés, relacionamentos, amizades e convívio íntimo com o Pai, Filho e Espírito Santo. Que delícia! Nestas páginas você encontrará uma viagem pela vida pessoal, pelas memórias e pelos meandros na caminhada espiritual da autora. Trata-se de crescimento pautado nos vínculos de amizade, ajuda mútua e família. Parece que entramos na cena com a querida Luiza e vemos o Papai Celestial carinhosamente nos dando um pão doce e nos dizendo: "Eu nunca vou faltar com você".

Tem gosto de aventura, tem gosto de café e de andar de bicicleta com Deus Pai. O livro é leve e muito agradável de ler, ao mesmo tempo em que nos conduz para dentro do rio das águas que saram, de Ezequiel 47, em que o Anjo do Senhor mede uma nova etapa para o profeta, e ele, aos poucos, adentra naquelas águas que se tornam profundas. Assim como nessa passagem, as experiências e o mover de Deus na vida da dra. Luiza Endo fazem o papel daquelas águas, nos sarando e lavando nosso corpo e nossa mente.

Na medida em que avançamos a leitura, ela nos leva a ter fome por Deus, de crescermos, de nos enxergarmos e vivermos uma transformação, como diz: "tomar café com pessoas que têm sempre algo novo para contar, alguma experiência, algum aprendizado, alguma área de sua vida transformada, alguma revelação da Palavra de Deus, é terapêutico porque gera fome por crescimento (ter fome é sinal de saúde) e, ao mesmo tempo, traz crescimento para o outro". Há um desejo profundo de aperfeiçoamento, de encontro com Deus e com Jesus no momento face a face com o próximo.

Esta obra é como um café fresquinho, estimulante e que também revigora. É terapêutico! Fala de relacionamentos com o Senhor, de compartilhar e de nos tornar vulneráveis ao abrir o coração. Este é um dos segredos para que as águas do Espírito Santo fluam em nós e nos sarem.

Neste livro, o Senhor nos toma pela mão e nos conduz a essas águas, Ele nos convida a esse café terapêutico. Vale muito a pena conferir!

DR. FÁBIO DAMASCENO
Pastor da Comunidade Cristã S8 em Niterói,
Rio de Janeiro
Psiquiatra e professor dos cursos de
Aconselhamento Cristão, Psicoteologia e
Aconselhamento Familiar Sistêmico

Introdução

Café terapêutico? Que título interessante para os terapeutas, mas estranho para quem não é psicólogo nem psiquiatra, como eu, sua autora. E ainda acrescento: o que tem a ver terapia com café? É exatamente o que descobriremos nas próximas páginas.

Durante muitos anos, eu criei o hábito de marcar com as pessoas de tomarmos um café para conversarmos. Antes, tinha o costume de chamá-las para virem à minha casa. Contudo, com a moda das cafeterias com espaços mais aconchegantes e apropriados para conversar e tomar um bom café, fui aprendendo a usar esse tempo, em meio às correrias do dia a dia, para ter um momento que chamaria de edificante e construtivo.

Aos poucos, depois de ter feito cursos de aconselhamento e me formado em terapia baseada em temperamentos, fui entendendo como um café com uma boa conversa, focada e dirigida, ajudava não só a mim, mas também aos outros com quem eu investia esse tempo. Até porque eu gosto de pessoas, de fazer novas amizades, de ajudá-las e conhecê-las melhor. E como não adicionar a esse momento um bom café para nos acompanhar? Decerto seria sempre uma ótima opção.

Aliás, isso é algo que carrego desde minha infância. Morei em São Paulo e, ainda pré-adolescente, lembro-me de como, nas minhas férias, eu tinha o costume de chamar minhas amigas para virem à minha casa tomar um lanche. Como éramos de uma família numerosa e sem muitos recursos financeiros, o que comíamos geralmente era bem simples: chá com pão fresco e manteiga e, às vezes, bolacha ou bolo.

No meu livro *Fontes que nascem no deserto*[1], mencionei o quanto valorizava minhas amizades. Isso se dava principalmente pelo fato de que, apesar de minhas amigas serem de famílias muito abastadas, sem preconceito, me convidavam para as suas casas e vinham à minha, com alegria, quando eu as chamava.

Essa característica de ser sociável e amigável, em particular, é algo muito marcante em minha vida e personalidade. Tanto é verdade que eu me recordo de que, ao passar no vestibular para Medicina e ter de me mudar para Campinas, uma das coisas que mais senti falta nos primeiros anos da faculdade – e talvez até hoje tenha o mesmo sentimento – era a falta de convites para ir às casas das colegas de classe. Queria simplesmente

---

[1] ENDO, Luiza Hayashi. **Fontes que nascem no deserto:** uma terapia com Deus. Campinas: CNP, 2013.

tomar um café, conversar e conhecê-las melhor. Com o passar do tempo, percebi que isso não fazia parte da cultura dos campineiros. Porém, fui persistente, não desanimei e sempre dizia: "Vou convidá-las para minha casa, pois é uma forma de mostrar o quanto isso faz bem".

De fato, coloquei isso em prática. Na época em que fui professora na Universidade de Campinas (Unicamp), no fim de cada ano, fazia um jantar para os meus médicos residentes. Era um momento muito precioso de se estar com eles, principalmente por ser fora do ambiente hospitalar. O que mais me animava era o fato de eles aguardarem com grande expectativa por esse dia. Porém, mesmo sabendo disso, não deixava que nosso tempo de qualidade se resumisse a jantares.

Durante nosso trabalho, no intervalo entre a reunião científica e o início do atendimento aos pacientes no ambulatório, íamos tomar café da manhã com os residentes, uma vez que, por iniciarmos muito cedo nossa reunião, nem todos tinham se alimentado antes de virem para o hospital. Era muito gostoso. Eu podia conhecer melhor os seus gostos, as suas expectativas de futuro, as manias de cada um e, assim, nós nos descontraíamos e nos divertíamos ao mesmo tempo.

Em 2000, anos mais tarde, aposentei-me da Faculdade de Medicina. Além disso, deixei o consultório privado em 2015. Porém, ainda que não tivesse mais nesses ambientes, não perdi meu costume. Logo depois, meus interesses se voltaram às pessoas. Continuei atendendo em aconselhamento tanto como em terapia, por isso, muitas vezes, tomar meu café terapêutico também era verdadeiramente fundamental. Eu me sentava com minha amiga e psicóloga Silvana Niel e trocava ideias, pedia ajuda nas questões pessoais e nas dos atendimentos, como uma espécie de supervisão natural do que eu fazia.

Essa minha rotina de investir tempo nos outros também perdurou durante meu curso de pós-graduação em Aconselhamento Cristão e Familiar Sistêmico. Foi ao longo desse período que fiz algumas boas amizades, e estas passaram a ser minhas companhias de café, para simplesmente "jogar papo fora". O que, na realidade, era um tempo de confessar fraquezas e pecados, além de pedir sugestões, como também conselhos para meus problemas pessoais e os de outros que estavam sob meus cuidados.

Aos poucos, eu mesma dei o nome de "café terapêutico" a esse momento tão precioso e realmente transformador. E continuo fazendo isso, agora com mais intensidade, pela maior facilidade de usar os espaços das cafeterias e, também, por ter me tornado mais conhecida como aconselhadora. Aprendi, com os anos, a usar melhor o tempo do café, tornando-o objetivo e edificante, pois, hoje, muitos não têm mais a disponibilidade de que dispúnhamos no passado.

Foi avaliando essas situações que surgiu a ideia de escrever este livro que espero ser de grande ajuda para você, leitor(a). Portanto, ao ler estas próximas páginas, o convido a tomar um café comigo, para que, assim, possamos ter uma conversa prazerosa e que irá transformar vidas.

Capítulo 1

Os dias atuais, a correria e os cafés

> Ali o Senhor falava com Moisés face a face, como quem fala com um amigo. (Êxodo 33.11a)

Com o passar do tempo, é comum vivenciarmos diferentes mudanças no nosso cotidiano, devido às fases e às circunstâncias do nosso mundo. Para mim, talvez uma das maiores e mais visíveis transições esteja relacionada a uma ação muito simples: tomar um café. É até engraçado o quanto esse ato, que faz parte da nossa realidade, mudou tanto de forma com o tempo.

Exemplo disso são alguns fatos em relação ao tema que têm me chamado a atenção, como a grande quantidade de padarias que estão surgido ultimamente. Não há como negar que houve um aumento significativo desse tipo de comércio, além de uma melhora em seus ambientes, se compararmos com o que encontrávamos tempos atrás. As de hoje são bonitas, bem ajeitadas, com muitas mesinhas e cadeiras, repletas de pessoas tomando seu café da manhã. Estão movimentadas principalmente nos fins de semana, e, quando não, durante os dias úteis também. Já antigamente, encontrávamos algo totalmente diferente. As padarias eram, de fato, feitas somente para a venda de pão.

Além disso, tomar "café da manhã" tornou--se um termo usado para o desjejum, o que não necessariamente restringe seu significado à bebida em si. Atualmente, vejo pessoas tomando mais suco de laranja com pão de queijo do que o habitual café com leite e pão com manteiga em sua refeição matinal. Isso tudo me fez questionar o que teria acontecido de lá para cá, para que esses costumes se alterassem tanto. A primeira ideia que me veio à mente foi se seria o fato de as pessoas não saberem mais fazer café em casa. Outro pensamento que me ocorreu foi se a falta de tempo para sair e comprar um pão fresco seria o diferencial. Ou, ainda, a ausência de um momento específico para se dedicarem ao preparo de um bom café com a mesa bem arrumada, com frutas, manteiga, pão, geleia e – como eu faço – um pão doce caseiro com um chá preto para acompanhar.

Ao passo que me deparei com essas diferenças entre a realidade atual e a anterior, recordei-me dos costumes de antes. Isso me levou a pensar na época em que era comum que o padeiro viesse entregar o pão fresco na porta de casa, logo pela manhã. Eu me lembro de que pagávamos mensalmente por esse conforto, e era algo tão natural quanto o costume de irmos a uma padaria nos dias de hoje. Por outro lado, esse era um hábito que nem todos poderiam ter, afinal, era um custo a mais no orçamento. O que também acontece com as pessoas que compram pão e guloseimas nos dias de hoje, encarecendo suas despesas do mês.

Contudo, ainda assim, alguns acreditam que esse gasto adicional vale a pena. Certa vez, ouvi um amigo dizer que prefere tomar seu café da manhã na padaria todos os dias, pois lá ele encontra amigos e tem a oportunidade de fazer novos contatos. Já outros me falaram que, por acordarem em cima da hora, saíam correndo e comiam na padaria porque era mais prático. Entretanto, também existem aqueles que fazem as contas de quanto lhes custaria por mês ter essa regalia, em vez de prepararem seu café da manhã em casa. E, nesses casos, realmente a melhor opção é permanecer em seus lares. Lembro-me de alguns dizerem: "Que absurdo! Tomar café da manhã todos os dias na padaria. Que perda de dinheiro!". Mas, ainda assim, como vemos, quem tem condições para esse tipo de gasto e não tem tempo para preparar o desjejum em casa acaba assumindo essa forma de consumo.

Todas essas lembranças e comparações só reforçam a ideia de que as coisas mudam. Até porque muitos vão se adaptando às situações sem ao menos analisá-las e acabam fazendo tudo no automático. Eu mesma, por exemplo, gosto de tomar café da manhã na padaria, geralmente aos sábados. Porém, hoje em dia, tenho aumentado a frequência das idas até lá – às vezes, ocorre às tardes – por conta do assunto que compartilharei com vocês no decorrer deste livro.

Agora, se formos comparar essa minha realidade atual com a de minha infância, veremos situações um tanto quanto diferentes. Naquela época, o costume era acordar cedo e ir buscar pão e leite na padaria. Inclusive, eu saía pedindo a Deus que não encontrasse no trajeto nenhum cachorro, pois morria de medo. O pão que comprávamos era o "filão", também chamado em alguns lugares de "bengala", aquele bem grande e comprido; e o leite era vendido em uma garrafa de vidro. Até me lembro de que, naquele tempo, várias vezes perdia o troco no caminho e acabava levando bronca porque era um absurdo me distrair a ponto de perder dinheiro.

Quando chegava em casa, colocava-se o pão cortado em fatias em uma cesta no centro da mesa. Alguns gostavam da ponta do filão e disputavam entre si para pegar seu pedaço preferido. Isso, pensando na realidade na qual fui criada, em um lar em que se arrumava a mesa do café da manhã todos os dias, e todos se sentavam ao redor dela. Porém, por sermos uma família de oito filhos, me recordo de que, ainda criança, os menores comiam primeiro, e depois, a turma dos mais velhos. Aos poucos, os maiores foram se casando, a casa foi esvaziando, mas sempre acordávamos e tínhamos o café com leite ou o chá preto, pão com manteiga e uma geleia.

Minha mãe era muito prendada e nunca deixava faltar o doce de banana ou geleia de laranja que passávamos no pão. Com muita clareza em minha mente, tenho a cena de meu pai, um *gentleman*, pegando a manteiga da manteigueira, deixando-a no canto de seu prato de sobremesa, fazendo o mesmo com a geleia e, ao lado, colocando a fatia do pão. Ele era muito metódico, apreciador de harmonia, beleza e boas maneiras. Tanto que ele não gostava que deixássemos as bordas do frasco de geleia com resíduos, muito menos que tirássemos a manteiga como se estivéssemos escavando, deixando buracos no meio ou as bordas lambuzadas. Assim, aprendemos a limpar os cantos, sempre com um guardanapo de papel, antes de guardá-la. A todo momento, procurávamos tomar cuidado para não fazer aquilo que o desagradava e para imitá-lo em seu modo educado de tomar o desjejum.

Um outro fator interessante em que passei a prestar mais atenção, quando se tratava desse momento que vivíamos antigamente, foi uma frase que muito se dizia: "Passe lá em casa para tomar um café". Todas as vezes em que fazíamos qualquer visita, o café era sempre o elemento indispensável. Aquele que, apesar de tudo, estava sempre sendo preparado para ser servido. E com a praticidade própria da pós-modernidade, apareceram as cafeteiras elétricas, das mais diversas cores e tamanhos, com filtros de tipos variados. Algumas delas têm até *timer* para programarmos a hora em que desejamos que o café esteja pronto. Além disso, temos ainda as cafeteiras de café expresso que, naquela época, eram mais difíceis de ser encontradas.

Quando me deparei com essa nova realidade, comecei a indagar sobre qual termo estaria certo: "espresso" ou "expresso". Em uma breve pesquisa, encontrei que "espresso" é uma palavra italiana que, em português, traduz-se como expresso.

Foi na Itália que nasceu o café preparado dessa maneira, [grão moído] na hora, numa máquina especial. Mas não me parece que isso seja razão suficiente para importarmos também a grafia original [...] Quem defende o uso de espresso alega que na palavra portuguesa, expresso provoca confusão por dar a entender que o particípio irregular do verbo exprimir, onde nasceu esse adjetivo (e também substantivo), tem algo a ver com a mecânica do café expresso. [...] [A palavra expresso] tem alguns outros sentidos consagrados que caem bem neste caso, como informa o Houaiss: "que é enviado rapidamente, sem delongas". (acréscimos da autora)[1]

Por causa deste último significado, muitos acabam optando por chamá-lo de expresso. Esse tipo de café é servido mais rapidamente do que os outros, que necessitam ser coados. Fora que, por ser consumido de imediato, não precisa ser colocado em uma garrafa térmica, o que, particularmente, acredito que tire seu sabor e aroma gostoso. Além do mais, desse modo também evitamos o desperdício, porque se faz em uma porção individual. Porém, um ponto negativo é que esse tipo de "cafezinho" pesa no bolso. O que significa que toda essa praticidade sai mais cara.

Dessa forma, apesar de ser algo mais incomum e trabalhoso, hoje existem pessoas que ainda preferem

---

[1] RODRIGUES, Sergio. **O café é 'expresso' ou 'espresso'?**. Revista Veja. Disponível em *https://veja.abril.com.br/blog/sobre-palavras/o-cafe-e-expresso-ou-espresso/pagina-comentarios-1/*. Última atualização da matéria: 16 de fevereiro de 2017. Acesso em outubro de 2019.

o café feito no coador de pano, mesmo que outros já achem que o expresso – de máquina – seja bem melhor. Recentemente, também temos visto o surgimento de diversos tipos de cafés em cápsulas, com diferentes sabores e aromas. Inclusive, sair para comprar essas cápsulas de café e xícaras diferenciadas nas lojas especializadas tornou-se um *hobby* para alguns.

Com essa inovação, passou-se a discutir se o café de cápsula era melhor ou não em relação ao sabor, uma vez que o preço, sem dúvida, era maior do que o do grão moído na hora. Por um lado, os saudosistas dizem que aquele tradicional, do coador de pano, continua sendo o melhor. Por outro, as novas modalidades têm conquistado cada vez mais admiradores. Cada um com seu gosto e seu bolso, e como se dizia antigamente: "Gosto não se discute". Mas, na verdade, o que eu digo é: "Gosto e bolso fazem boa parceria quando se sabe apreciar o que é bom".

Sendo assim, vemos que o "tomar café" ou simplesmente o café são temas para muita discussão e conversa, tanto na questão do termo em si quanto na prática, de nos sentarmos e o bebermos.

Um outro ponto em que o café entra em debate é quando se trata de saúde. Por diversas vezes, ele é considerado o vilão do estômago, causando fortes dores e até desencadeando doenças, como refluxo ou gastrite. Não só isso, mas também é um problema quando dado a crianças, por exemplo. Isso, porque nosso corpo produz **adenosina** durante o dia, que é a causadora da sonolência, e, ao ingerir uma dose de cafeína, o organismo se confunde entre essas duas substâncias, nos despertando por um tempo. Por conta disso, acredita-se que os mais novos e cheios de energia seriam sobrecarregados ao ingeri-lo, prejudicando a rotina de sono deles.

Entretanto, apesar desses pontos negativos, após a realização de estudos com base na composição do café, foram descobertos resultados muito positivos quanto aos seus benefícios. Ao procurar sobre essas vantagens, me deparei com um livro do dr. Darcy Roberto de Lima, intitulado *101 razões para tomar café*[2]. Em uma determinada parte da obra, o médico fala sobre a relação entre café e a saúde. No quadragésimo primeiro ponto, ele diz:

> Café faz bem à saúde. Tomar o equivalente a 400-500mg/dia ou de quatro a cinco xícaras de café/dia não é prejudicial. O consumo moderado não causa osteoporose nos idosos e nem aumenta o risco de fratura, porém o consumo de 600mg/dia ou mais pode influenciar a osteoporose.

O livro faz várias observações sobre a bebida, mas sabe-se que o exagero mesmo seria tomar 20 a 50 xícaras de café por dia, e isso deve ser muito raro. "O

---

[2] LIMA, Dr. Darcy Roberto de. **101 razões para tomar café**. São Paulo: Café, 2010.

café com todos os seus componentes saudáveis possui evidências de segurança e até hoje nenhum atestado de óbito culpa o café", diz o autor. "Muitos estudos mostram o efeito positivo da cafeína: até seu aroma, o famoso cheirinho de café pode reduzir o estresse de uma noite mal dormida!".

Caso se interesse pelo assunto e deseje explorar as razões que existem para se tomar café, eu sugiro que leia esse livro. Ele aborda desde a prevenção da doença de Alzheimer até a formação de cálculos da vesícula.

No entanto, o que quero frisar ao longo destas páginas é que, mais do que a bebida em si, quando convidamos alguém para "tomar um café", o que mais importa é separarmos um tempo em meio às muitas demandas da vida para desfrutarmos de um momento de qualidade com essa pessoa. Digo isso pois tenho certeza de que você já viu muitos combinarem de sair, sentarem-se à mesa, se falarem por instantes e, em um ato inconsciente, logo voltarem suas atenções para seus celulares, esquecendo-se de que marcaram hora exatamente para se verem e conversarem.

Hoje em dia, temos várias intromissões em nossas conversas. Talvez a maior delas seja o "plin", o tal sinal de alarme notificando que chegou uma mensagem, seguido de uma vibração audível do aparelho. Além disso, a ansiedade e o pensamento acelerado, bem comuns atualmente, fazem com que nosso foco fique dividido entre a pessoa que está à nossa frente e a atenção que nossos pensamentos e os inúmeros contatos do nosso celular nos exigem. Esse tema é bem abordado no livro do Dr. Augusto Cury, *Ansiedade*[3]. Além disso, não é por acaso que outro livro, *Atenção plena*[4], que tem como objetivo ajudar a pessoa a aprender a focar sua atenção naquilo que importa, ensinando-a a meditar para educar sua mente, teve mais de 200 mil exemplares vendidos.

Exatamente por essas e outras razões, discorro, ao longo dos próximos capítulos, o valor e a importância que acredito haver nesses "cafés terapêuticos". Eles nos aproximam de pessoas, tiram um peso de nossas costas e ainda nos fazem desfrutar de uma excelente bebida.

---

[3] CURY, Augusto. **Ansiedade**: como enfrentar o mal do século. São Paulo, Saraiva, 2013.
[4] WILLIAMS, Mark; PENMAN, Danny. **Atenção plena**: mindfulness. Rio de Janeiro: Sextante, 2015.

Capítulo 2

Comece desenvolvendo amizade com Deus

[...] agora vocês são meus amigos. (João 15.15)

Há mais ou menos dez anos aprendi a orar. Entendi como conversar com Deus de uma forma diferente, tendo um tempo de solitude com Ele. Acredito que, por conta disso, tenho grandes experiências para compartilhar com vocês ao longo das próximas páginas.

Cresci em um lar cristão e, durante minha infância e adolescência, fui fiel em meu tempo de leitura bíblica e de oração. Com o tempo, descobri que poderia ter uma intimidade maior e mais profunda com Deus, Jesus e o Espírito Santo. Porém, antes de ter essa compreensão, vivia muita coisa de forma mecânica, principalmente quando me distraía em meio a qualquer preocupação. Tanto é verdade que eu não fazia distinção entre cada Pessoa da Trindade. Eu sabia da existência d'Eles, mas não entendia o papel e a importância que Eles possuem em Sua singularidade. Contudo, com o passar dos anos, fui aprendendo que, embora os Três sejam um, Eles podem e querem ter um relacionamento individual, específico e particular conosco.

Isso me recorda de uma situação que sempre acontecia quando era pequena. Eu e minha família morávamos em um bairro chamado Bosque da Saúde, em São Paulo. A rotina do meu pai era sempre a mesma: ele descia do bonde e subia uma rua íngreme de terra batida até nossa casa. Aos sábados, costumava voltar para casa trazendo um pacote em suas mãos e nós sabíamos que era um pão doce, delicioso, que ele comprava na Padaria da Sé, perto do laboratório onde trabalhava.

Ansiosamente, eu sempre o aguardava na porta de casa. E é claro que observava se ele estava carregando algo. Aos poucos, esse costume mudou, pois ele parou de trazer o saboroso pão doce. E eu, como era apenas uma criança, ficava decepcionada em ver suas mãos vazias. Mas, com o passar do tempo, parei de me frustrar e não esperava mais pelo agrado.

Anos mais tarde, quando eu já era adulta, minha irmã me contou das dificuldades financeiras pelas quais nós passamos naquela época, e era por isso que meu pai não podia mais comprar pão doce para nós. Foi então que entendi perfeitamente a circunstância da época e a causa da minha frustração. Depois disso, nunca mais enxerguei aquela situação da mesma forma.

Apesar da mudança de pensamento sobre o ocorrido, em um momento de adoração intensa durante um culto na minha igreja local, tive uma visão: Deus Pai subia pela rua do Bosque da Saúde com um pacote de pão doce e me dizia: "Eu nunca vou falhar com você, pois sou o Pai Eterno e Poderoso. Jamais lhe faltará pão doce!". Confesso que chorei muito com a amorosa forma que o Senhor se manifestou a mim por meio daquela visão. Afinal, nem me lembrava mais desse fato, mas Ele me constrangeu com aquela singela surpresa.

E assim como esse momento marcante, me lembro de uma outra experiência tremenda que tive com o Pai, também quando eu era criança. Naquela época, eu morria de vontade de andar de bicicleta. Mas, por causa da condição financeira da minha família, claramente eles não poderiam comprar uma para mim. Porém, isso não me impediu de tentar aprender, já que não necessariamente precisaria ser dona de uma para adquirir tal habilidade.

Sabendo disso, lembro-me de que no quintal da minha casa havia cômodos usados como escritórios. Em um deles, trabalhava um senhor japonês que lidava com o jornal e informativos impressos da igreja que meu pai pastoreava. Eu me recordo que ele sempre ia trabalhar de bicicleta. Ele a encostava em uma das paredes do quintal, entrava no escritório e lá ficava. Não me lembro direito se na hora do almoço ele ia comer em algum canto, mas sei que era o momento em que eu pegava aquela bicicleta e tentava andar.

Porém, para aumentar a dificuldade, naquela época, as bicicletas masculinas eram muito mais altas do que as de hoje. Sendo assim, para conseguir subir, eu precisava fazer uma acrobacia, pois passava uma de minhas pernas por baixo do quadro – parte central da bicicleta, que conecta todos os componentes, como guidão, rodas, assento e pedais – para, só então, conseguir alcançar os pedais. Como você pode imaginar, isso causava um desequilíbrio imenso e eu caía na maioria das vezes. Contudo, nada disso me impedia. Eu tentei muitas outras vezes, caindo e me levantando uma porção delas, afinal, é assim que se aprende a pedalar. Aos poucos, consegui progredir, mantendo-me estável por alguns segundos, o que já era uma vitória. Algumas vezes, o senhor japonês aparecia, inesperadamente, me dava uma bronca, fazendo que eu largasse a bicicleta e corresse para dentro da cozinha.

Anos mais tarde, meu irmão ganhou uma bicicleta e, naquele instante, vi mais uma oportunidade de tentar aprender. Assim, eu praticava quando ele não estava em casa. Pouco a pouco, fui conseguindo me equilibrar, mas nunca fui capaz de andar como a maioria das crianças. O máximo que conseguia era ir para frente com leves oscilações, pendendo de um lado para o outro, mas sem conseguir me manter em linha reta. Tentar fazer uma curva? Nem pensar.

Conforme fui crescendo, isso se tornou apenas uma memória de infância. Até que, recentemente, estava orando, meditando e tendo meu tempo com Deus, quando tive uma visão em que eu andava na garupa de uma bicicleta. O mais interessante é que era Deus Pai quem estava me levando. Eu lembro de me sentir totalmente segura e feliz, ainda mais com a brisa gostosa e o cheiro do mato do Bosque da Saúde.

Essa experiência foi uma oportunidade de conhecer mais profundamente o Deus Pai que se preocupa comigo. Isso porque, sabendo o quanto eu queria aprender a andar de bicicleta no passado, Ele me trouxe essa alegria uma outra vez, mas de um jeito diferente. Naquele instante, eu me recordei de todas as minhas frustrações da infância por não ter conseguido pedalar, meus medos, as quedas, as broncas, os machucados e tudo o mais. Apesar de todas essas decepções, o Senhor se revelou a mim dessa forma especial. Até hoje, quando não consigo me conectar com Ele, elevo meus pensamentos para aquelas imagens que significam tanto para mim e logo sou capaz de estabelecer uma conexão.

Diante de situações como essas, ao analisar como funciona minha intimidade com o Senhor, vejo como é curiosa a maneira que nos relacionamos com cada Pessoa da Trindade. Às vezes, até acontece de nossa relação com algum em particular aparentar ser mais fácil. Exemplo disso é meu caso. Ao pensar que Jesus morreu na cruz por mim, me perdoou de tantos pecados e me livrou de tantas culpas, me sinto à vontade para falar com Ele mais do que com os demais.

Por outro lado, a liberdade para falar com a Pessoa do Espírito Santo já foi um pouco mais difícil de construir. Lembro-me de uma vez notar a intimidade com que uma amiga minha, médica, otorrinolaringologista em Belo Horizonte, se referia à terceira Pessoa da Trindade. Ela costumava dizer: "O meu amado Espírito Santo". Confesso que achei isso muito bonito e tentei até chamá-lO da mesma forma, mas não funcionou. Então, ficou evidente que eu precisava de uma revelação maior de quem Ele é.

Tendo isso em mente, passei por uma ministração do SOZO[1] e, conforme lia sobre o assunto, pude entender e sentir melhor a pessoa do Espírito Santo. A partir daí, comecei a clamar por uma revelação maior a respeito d'Ele, semelhantemente às experiências que tivera com Deus Pai. O Espírito me respondeu, e eu tive algumas vivências tremendas que me levaram à intimidade com Ele.

Apesar de conseguir ter mais profundidade do que desejava, não parei de buscar. Certa vez, me recordo de estar em um culto, durante um momento de adoração intensa e ansiando mais ainda o relacionamento com a Trindade. Estava com minhas mãos abertas, e o Senhor colocou nelas uma grande pedra preciosa. Então, perguntei qual o motivo de Ele me dar algo tão valioso assim. Foi quando Deus disse que eu deveria repartir aquilo com muitas pessoas, e acredito estar fazendo isso ao escrever este livro.

Uma outra experiência que tive com o Espírito Santo foi quando Ele me deu uma roupa de mergulho. Era um traje desses como sempre imaginamos: escura e com boa aderência ao corpo. Então, pedi para que o Senhor me explicasse o que aquilo significava, e Ele me disse: "Vou te levar aos lugares mais profundos para ter experiências diferentes Comigo". Naquele momento, veio em minha mente o versículo de Efésios 3.18:

---

[1] Ministério que utiliza o método de cura e libertação exposto no livro SILVA, Dawna de; LIEBSCHER, Teresa. **SOZO**: salvos, curados e libertos. Brasília: Chara, 2018.

Também peço que, como convém a todo povo santo, vocês possam compreender a largura, o comprimento, a altura e a profundidade do amor de Cristo.

Naquele momento, vestida de mergulhadora, eu estava pronta para começar uma nova jornada. Eu sentia o quanto o Espírito Santo estava me envolvendo com aquela roupa de maneira tão aderente, a ponto de não haver mais nada entre nós. Então, perfeitamente, pude entender que precisava conhecer melhor as Pessoas da Trindade em profundidade e, em especial, Cristo e Seu infinito amor. Por conta desse desejo intenso, de poder conhecer mais do divino, indaguei: "Quanto a Cristo, quando vou conhecê-lO melhor?".

E o Senhor é tão bom que nunca deixa de nos ouvir. Uma outra experiência que vivi, depois de ter passado por um tempo muito difícil, foi quando estava em oração contando para Jesus tudo o que estava sentindo. Eu pedia um lugar de segurança, e, logo em seguida, Ele me mostrou uma cúpula com três partes, como se fossem pétalas que se fechavam à minha volta. No mesmo instante compreendi que Deus Pai, o Filho Jesus e o Espírito Santo estavam unidos ao meu redor, enquanto eu estava sentada no meio, como se fosse o centro de uma flor. Em seguida, me disse: "Você está protegida por Nós Três!".

Tudo isso foi maravilhoso. Até hoje eu procuro deixar em minha memória essas experiências bem frescas para que eu nunca deixe de buscá-lO. Por esse motivo, sugiro que procure, assim como eu, adorá-lO intensamente, pois isso o levará a ter grandes vivências e maiores revelações da Trindade. Além disso, acredito que todas as nossas experiências com Deus devem ser escritas. Assim, jamais nos esqueceremos de Suas palavras, verdades, promessas e aquilo que Ele deseja para nós. Tendo isso em mente, criei esse hábito de anotar tudo e, dessa forma, quando me sinto insegura ou com medo de algo, trago à memória aquelas verdades para que, assim, novamente possa me sentir segura.

Com essas pequenas atitudes, de buscar mais e sempre relembrar o que o Senhor fez, comecei a ter uma amizade diferente com Deus Pai, Jesus e o Espírito Santo. Essa intimidade se tornou cada vez mais verdadeira conforme conhecia melhor a Trindade, pois passei a dar tempo para ouvi-lOs com mais atenção. Antes, eu falava tudo o que queria em minha oração; fazia os meus pedidos; intercedia pelas pessoas necessitadas; pelos pedidos que haviam sido feitos a mim; pela família; e encerrava dizendo: "Em nome de Jesus, amém". Aos poucos, eu fui aprendendo a escutá-lOs, tendo meu tempo de solitude, e isso mudou muitas coisas em minha vida. Discorri sobre isso em um dos meus livros: *Fontes que nascem no deserto: fazendo uma terapia com Deus*[2].

Depois de um tempo, a cada manhã ao acordar, após ter meu tempo de meditação e oração, passei

---

[2] ENDO, Luiza Hayashi. **Fontes que nascem no deserto**: fazendo uma terapia com Deus. Campinas: CNP, 2013.

a chamá-lOs para tomar café comigo. Começava agradecendo pelo alimento e pela Sua presença, comia, meditava, lia e tomava o café da manhã com aquela maravilhosa companhia. Em minha vida isso passou a fazer uma enorme diferença. Além, claro, da leitura bíblica, que me levava a revelações ainda mais profundas. Só tinha um senão: muitas vezes, a Bíblia ou o meu caderno ficavam cheios de migalhas de pão e, quando não, lambuzado de geleia que eu derrubava sem querer. Mas tudo isso valia a pena só pela presença d'Aqueles que estavam comigo à mesa.

Meu café terapêutico começou com Deus. Criei uma amizade com Ele e tenho liberdade de falar sobre qualquer assunto. Seja para me tornar vulnerável, falar das minhas fraquezas, dos meus medos, das ansiedades, das alegrias, das expectativas e tudo o mais.

Se você, assim como eu, está querendo aprender a respeito do café terapêutico, dos momentos em que desfrutamos com Ele em espírito, mas também nos deliciamos com um bom café e um pão doce, sugiro que comece a ter seu tempo de tomar café com o Senhor, o Deus Trino!

Capítulo 3

Aprendendo a fazer conexão com as pessoas

> Portanto, animem e edifiquem uns aos outros [...] (1 Tessalonicenses 5.11)

Antigamente, era muito comum investirmos nosso tempo conversando com as pessoas, mas claro que pessoalmente. Nós íamos visitá-las ou parávamos na porta de suas casas e passávamos horas ali. Isso nos fazia construir relacionamentos mais íntimos. Agora, a forma mais impessoal de nos comunicar que poderia ocorrer era por meio do envio de cartas, ou até mesmo telegramas, para aqueles parentes e amigos que moravam mais longe. Entretanto, com a modernidade e a tecnologia, hoje a comunicação que temos é bem diferente. A grande maioria prefere conversar por aplicativos de mensagens do que se encontrarem em algum lugar. Até mesmo o fato de falar ao telefone é considerado um tanto quanto desagradável e um incômodo. "Afinal, por que ligar se posso resolver tudo por *e-mail* ou por mensagem?", muitos pensam.

Ao passo que essas mudanças na maneira como nos relacionamos com os outros ocorreram, comecei a ocupar meus pensamentos com esses assuntos, ultimamente. E isso se deve por conta de um comentário que ouvi há pouco tempo. A pessoa estava em uma conversa e disse o seguinte: "Fulano se comunica tão bem comigo quando me manda *e-mails* ou WhatsApp. Porém, quando está diante de mim parece ser uma pessoa seca e nem consegue entabular uma conversa". Essa frase me fez refletir muito sobre a forma como vivemos hoje, como um reflexo dessa geração. Estamos tão envolvidos com a tecnologia, porque ela nos permite uma conversa rápida, sem problemas de distância ou da necessidade de olharmos face a face, que acabamos focando apenas na praticidade que isso nos traz ao nosso dia a dia. Ela também trouxe novas habilidades, nos fazendo aprender a falar muito bem virtualmente, usando áudios, siglas e *emojis*. Entretanto, a tecnologia foi responsável por criar uma dificuldade tremenda para nos relacionarmos pessoalmente, como demonstra a fala que ouvi anteriormente.

Na realidade, infelizmente, o que é virtual se tornou "real" para nós que passamos a nos comunicar mais com personagens do que com pessoas propriamente ditas. No livro *Amor líquido*[1], de Zygmunt Bauman, diz que:

> A distância não é obstáculo para se entrar em contato – mas entrar em contato não é obstáculo para se manter à parte. [...] "Estar conectado" é menos custoso do que "estar engajado" – mas também, menos produtivo em termos da construção e manutenção de vínculos.

Nesse pequeno trecho, vemos a perspectiva do autor em relação ao contato. Ele traz a fragilidade, a fluidez e a transitoriedade dos relacionamentos humanos, o que, com certeza, se você costuma observar as pessoas como

---

[1] ZYGMUNT, Bauman. **Amor líquido**: sobre a fragilidade dos laços humanos. Rio de Janeiro: Zahar, 2004.

eu, perceberá a evolução ascendente desse modo de nos relacionarmos, cada vez mais comum.

Isso me traz a referência ao que o apóstolo Paulo disse sobre animar e edificar uns aos outros. Esse ato é muito importante em nossa caminhada com Deus, entretanto, exige uma tomada de posição, uma vez que devemos separar um tempo para investir nos relacionamentos pessoais de maneira intencional. O doutor em psicologia clínica, Larry Crabb, aborda esse assunto em sua obra *Como compreender as pessoas*[2]. Nela, vemos uma parte muito interessante sobre o assunto: "Fomos projetados para o relacionamento. Consequentemente, ansiamos por ele. Nossas partes mais íntimas clamam por intimidade e envolvimento significativo com outros". Por mais que o enfoque do livro seja o aconselhamento, seus escritos, porém, são ricos e nos ajudam a fazer uma análise pessoal e a compreender de forma clara a importância de mantermos relacionamentos edificantes.

Ao passar a acompanhar mais sobre o dr. Larry, me tornei uma admiradora dele. Por gostar muito de ler, desenvolvi uma atração por livros e por lugares que os vendiam. Quando ia às livrarias cristãs, havendo alguma publicação nova desse autor, eu logo a adquiria. Sempre indico uma de suas publicações chamada *Atravessar*

---

[2] CRABB, Larry. **Como compreender as pessoas**: fundamentos bíblicos e psicológicos para desenvolver relacionamentos saudáveis. São Paulo: Vida, 1998.

*problemas e encontrar a Deus*³, pois acredito ser uma leitura básica para qualquer conversa com alguém que esteja enfrentando um problema.

E quando nos dispormos a prestar esse tipo de ajuda, precisamos nos preparar, tanto para conseguir de fato auxiliar a pessoa como para não deixar que nossos fatores internos afetem a vida de outros. Tendo em vista que nosso ego é sutilmente afagado, enganado, preso nas malhas do orgulho e que, ainda, pode nos levar a pensar que temos bons conselhos ou que somos já bastante experientes nos problemas da vida. Muito embora nosso discurso seja embasado na Palavra de Deus, muitas vezes, o objetivo não está em levar a pessoa a conectar-se com Ele, mas, sim, fazê-la enxergar que seus problemas são resultado da falta de conhecimento bíblico. O que não é totalmente mentira, porém essas questões vão muito além desse ponto.

Se usarmos excessivamente palavras que não agregam sentido algum, a consequência será uma conversa com tom de crítica ou julgamento, e não com o objetivo correto de levá-las a um encontro real e pessoal com o Senhor. Gostamos que as pessoas nos procurem, que falem do quanto somos importantes, mas, desse jeito, ao contrário de levarmos vida, nós as contaminaremos com o esgoto das nossas almas soberbas. Estas são as máscaras da sabedoria humana, da falsa humildade e da falsa dependência no Criador.

---

³ CRABB, Larry. **Atravessar problemas e encontrar a Deus**. São Paulo: Sepal, 1997.

Mas esse tipo de aprendizado, pelo menos no meu caso, foi algo que aprendi durante a vida. Quando pequena, eu fui ensinada sobre os princípios bíblicos, e posso confessar que me tornei uma aconselhadora religiosa, usando trechos da Bíblia, mas sem muita ou nenhuma misericórdia. Isso porque tudo era muito lógico: se a pessoa está dentro dos princípios e do modo como eu vejo, dará tudo certo; caso a pessoa esteja transgredindo a lei, está tudo errado. Às vezes, não conseguia nem ouvi-las direito, enquanto falavam sobre seus sentimentos, que minha mente já estava formulando as respostas para dar em seguida.

E assim como essas situações, me recordo de mais dois trechos de uma outra obra do autor, chamada *Conexão*[4]. Ele diz:

> Quando derramamos nos outros mesmo um pouco da vida que, à custa da morte de Jesus, foi derramada em nós, então acontece a conexão. Ocorre a reconexão. A alma desconectada começa então se aproximar, a descobrir a vida que está ali, mas que talvez jamais tenha sido experimentada plenamente. [...] A coragem aumenta, nasce a esperança e voltamos a viver mais intensamente, ávidos não só por receber mais nas conexões, mas também por doar mais aos outros.

---

[4] CRABB, Larry. **Conexão**: o plano de Deus visando a cura emocional. São Paulo: Mundo Cristão, 1999.

Com o passar do tempo, essas citações ficaram cada vez mais claras em minha vida. Exemplo disso, foi quando minha filha veio me contar um de seus problemas, chorando e buscando uma conexão. Quando ela terminou de relatar seus pesares, eu logo lhe dei os costumeiros conselhos que mais pareciam um sermão. Nesse momento, ela me disse: "Mãe, eu só queria que você me ouvisse e chorasse comigo, mas você me trata como se eu fosse um dos membros de sua igreja!". Essa resposta revirou meus pensamentos e, ao mesmo tempo, me despertou.

Realmente, até entrar no curso de Pós-Graduação em Aconselhamento Cristão no Instituto de Formação Cristã (IFC), em Vinhedo, interior de São Paulo, eu apenas sabia ser uma religiosa vivendo dentro da "caixinha de promessas". E foi sob essas circunstâncias que aprendi algumas lições. A primeira era a compreensão de que "cada um é cada um". Toda pessoa é especial para Deus, tem sua história de vida, seu passado e sua família. Sendo assim, suas reações são o resultado do somatório de influências que recebeu ao longo dos anos. Então, ficou claro que eu precisava fazer como no versículo de Romanos 12, em que Paulo nos fala que devemos transformar as coisas ao nosso redor com a renovação da nossa mente. Eu estava tentando mudar a vida das pessoas, mas, para isso, eu precisava renovar minha própria mentalidade e me encher do amor de Jesus Cristo.

Contudo, antes de passar por toda essa renovação, precisava passar pelo processo de me conectar com Deus Pai, Filho e Espírito Santo em profundidade e intimidade para poder realmente me relacionar com as pessoas e ajudá-las a conseguir fazer o mesmo com a Trindade. Um outro livro que também me ajudou muito sobre esse assunto se chama *O lugar mais seguro da Terra*[5], também do dr. Crabb. Nele, encontrei pontos interessantes sobre essa conexão que falta nos dias de hoje, como:

> Nossa determinação em não confiar absolutamente em ninguém precisa morrer e ser substituída por uma ávida disposição de receber o que há de melhor nos outros e dar o que há de melhor em nós. Isso só acontece quando as pessoas se sentem amadas, seguras o suficiente para reconhecer a sua dependência, confiantes o suficiente para desfrutar daquilo que outra pessoa lhes dá, corajosas o bastante para oferecer aos outros aquilo que realmente elas são.

Fui muito abençoada com as palavras desse autor. Inclusive um outro livro que acredito ter me auxiliado ainda mais ao longo dessa jornada foi *Conversa da alma*[6]. O que me chamou a atenção foi a frase: "A conversa

---

[5] CRABB, Larry. **O lugar mais seguro da Terra**: onde as pessoas se conectam e se transformam para sempre. São Paulo: Mundo Cristão, 2000.

[6] CRABB, Larry. **Conversa da alma**: a linguagem que Deus quer que todos falemos. São Paulo: Mundo Cristão, 2004.

da alma não é uma cirurgia, ela não remove algo ruim ou repara algo danificado. Ela derrama algo vivo na alma fértil do outro". Assim, pude compreender ainda melhor que, se estamos cheios do poder sobrenatural de Deus, derramamos os Céus sobre a pessoa, a água viva.

Exatamente o que Jesus fez com a mulher samaritana. Ele começou a entabular uma conversa pedindo algo que, em verdade, era Ele quem queria dar a ela. Pode parecer estranha essa conversa da alma, mas o Filho do Homem era pertinente e assertivo. Foi ao profundo de seu ser, a tocando com o sobrenatural de Deus: os dons e o fruto do Espírito Santo – palavra de conhecimento e um amor sem preconceito.

A conversa da alma é a que promove um encontro produtivo e terapêutico. Agora, como ter uma conversa dessas? É bem simples. Eu aprendi conversando francamente e abertamente com Deus, tendo meu tempo de solitude com Ele. Nesses momentos, desenvolvi a aptidão em ter liberdade de falar com Aquele que sabe tudo sobre mim e, portanto, não preciso ter vergonha de demonstrar minha vulnerabilidade nem para Ele, nem para as pessoas que vão conversar comigo. Desse modo, conforme conversava com elas, me enxergavam de igual para igual, como pessoas carentes do amor e da graça de Deus.

Capítulo 4

Café como momento de confissão

Portanto, confessem seus pecados uns aos outros e orem uns pelos outros para serem curados. (Tiago 5.16)

"Café para confessar pecados" pode parecer um pouco fora do comum, mas, acredite, não é. Deixe-me explicar.

Anos atrás, e durante um bom tempo, quando eu ainda era docente na Faculdade de Medicina (Departamento de Oftalmo/Otorrinolaringologia), liderava um grupo de estudos bíblicos. Naquela época, não existia ainda o Hospital das Clínicas em Barão Geraldo, e a Faculdade de Medicina arrendava o complexo Santa Casa de Misericórdia de Campinas e parte das dependências do Hospital Irmãos Penteado. Eu realizava as reuniões de estudo na hora do almoço, no anfiteatro da Santa Casa.

No nosso grupo, havia uma amiga minha, dra. Irene, que frequentava os encontros desde o início. Porém, depois de um tempo, ela viajou a estudos para a Alemanha. Lá, logo procurou um novo grupo cristão, pois desejava manter-se nos caminhos do Senhor Jesus.

Quando voltou, dra. Irene quis logo compartilhar comigo algo que era o foco do grupo que frequentara enquanto esteve na Alemanha. Lembro-me de que ela me deu uma tradução do tema que eles haviam estudado. Fiquei tão interessada que pedi a ela um resumo do texto do autor Arthur Richter: *Auf der suche nach freiheit* (À procura da liberdade)[1], que usavam como base. Em resumo, o texto traz a visão de que fazemos confissões generalizadas com pedidos de perdão para Jesus:

> Teoricamente, Jesus alcançou o perdão dos nossos pecados de uma vez por todas, para todos, na cruz. Mas como experimentar isto na prática, para que tenhamos uma vida verdadeiramente transformada? [...] Muitas igrejas têm levado pessoas a fazerem orações gerais para o novo nascimento, com confissão; porém, algumas vezes, isto é feito de modo superficial e elas não compreendem o verdadeiro significado deste ato. (Tradução livre)

Há pecados que nos afligem. E, de algum modo, sabemos disso, mas os escondemos, pois nos sentimos condenados e envergonhados com a ideia de expô-los – geralmente, são os pecados sexuais, os vícios ocultos, as (co)dependências, etc. Entretanto, só experimentamos libertação quando os confessamos a alguém, conforme diz a Palavra:

> Portanto, confessem seus pecados uns aos outros e orem uns pelos outros para serem curados. A oração de um justo tem grande poder e produz grandes resultados. (Tiago 5.16)

---

[1] RICHTER, Arthur. **Auf der suche nach freihe**. Witten: Brockhaus, 1986.

Se afirmamos que não temos pecados, enganamos a nós mesmos e não vivemos na verdade. Mas, se confessamos nossos pecados, ele é fiel e justo para perdoar nossos pecados e nos purificar de toda injustiça. (1 João 1.8-9)

Ainda no texto de Arthur Richter, estão expressas interessantes condições a respeito da confissão de pecados, como:

- Que a conversa seja privada, que o confessor seja convertido de verdade e que o assunto não extravase, de modo algum, para terceiros.

- Que a pessoa se arrependa sinceramente, tenha o propósito de mudar de vida, perdoe o ofensor e repare o dano causado a outras pessoas envolvidas no assunto.

- O que não é confissão: falar dos seus pecados e não se arrepender.

Apesar de conhecer a importância da confissão, não só a Jesus, como a outras pessoas de confiança, naquela época, entre conhecer e praticar a confissão de forma habitual, existia uma distância.

Depois de aprender tanto sobre o tema no tempo em que esteve fora do país, minha amiga, dra. Irene, me ligava com certa frequência para termos um tempo de confissão mútua, uma vez que trabalhávamos no mesmo hospital (era a fase de instalação do Hospital das Clínicas da Unicamp). Eu fui absorvendo essa ideia e colocando em prática, pois achei muito pertinente e importante para uma vida cristã sadia. Assim, acabei incorporando-a no meu *modus vivendi*.

Por causa disso, hoje agendo meus cafés com amigas de muita confiança e tenho meu tempo de confissão com elas. Às vezes, surgem dúvidas como: "Será que falei demais?"; "Será que falei o que não deveria ou fui além do que era conveniente?"; e até mesmo algo como "Fiquei com muita raiva de fulano e disse isso, e agora?". Por vezes, desabafei sobre sentimentos e pensamentos que passaram pela minha mente e me trouxeram peso. Por isso, entendi que precisavam ser considerados e, talvez, confessados. Em momentos como esses, algumas de minhas amigas dão risada quando eu digo: "Agora chegou a hora da minha confissão", e começo a expor tudo. Em contrapartida, elas se sentem com liberdade para serem vulneráveis, uma vez que eu lhes dei essa abertura.

Assim, quase sempre a confissão no nosso café torna-se mútua. Nessa hora, busco ser sincera, e isso não é fácil, pois nossa tendência é expor as situações da maneira como queremos enxergá-la. Sutilmente, colocamos nossa emoção na história, criando justificativas, de tal forma que a pessoa dê toda a razão para nós. Mas tenho a plena convicção de que, se eu fizer isso, perderei a chance de ser transformada para melhor.

Com isso, fui aprendendo o quanto meu modo de expor situações deveria revelar as coisas exatamente como aconteceram. Por exemplo, usando a mesma intensidade de voz da pessoa envolvida, quando ela falou algo comigo, e a mesma entonação em que eu respondi. Tudo isso ajuda meu ouvinte a analisar e a avaliar corretamente meu relato do que, de fato, aconteceu. Essa prática faz parte do aprendizado da confissão genuína.

Tenho aprendido também a tomar cuidado para não ser reacional, mas, sim, intencional nessas falas. Assim, em vez de me justificar, conto exatamente como foi a situação. Caso contrário, de que adiantaria esse tempo de confissão se eu já começo usando desculpas? É nessa hora que eu preciso ser vulnerável.

É justamente por isso que sempre aconselho a escolha de pessoas certas para o momento da confissão de pecados. Não procure somente os que irão afagar seu ego ou pessoas que, com certeza, lhe darão razão em tudo. Com isso, você apenas diminuirá o peso de sua consciência. Pelo contrário, busque aqueles que também usam o tempo do café para confessar, que já perceberam o valor disso e entraram nesse ritmo de vida cristã.

Em síntese, independentemente do local onde eu esteja, não tenho vergonha de orar e confessar meus erros e pecados primeiramente para Jesus e para a companhia escolhida para o café em questão. Faço isso porque creio no que está escrito em 1 João 1.9: "Mas, se confessarmos nossos pecados, ele é fiel e justo para perdoar nossos pecados e nos purificar de toda a injustiça". Isso traz saúde para nossa alma, pois, além de sermos perdoados e libertos de culpas, Satanás não consegue mais nos acusar: temos uma testemunha!

Portanto, quando mostramos nossa vulnerabilidade, além de dar o recado de que somos pessoas em fase de transformação à imagem e semelhança de Deus, ensinamos outros a fazerem o mesmo. Já houve ocasiões em que fui tomar café com pessoas que não me conheciam bem, e, ao me ouvirem falar de minhas falhas, confessaram: "Achei que você não tinha problemas. Que bom! Eu me sinto mais à vontade agora para contar minhas dificuldades".

Agora que aprendemos todos os benefícios da confissão sincera e vulnerável dos nossos pecados, durante um tempo de qualidade com pessoas de confiança, sugiro que você aplique isso ao seu café: esse momento se torna terapêutico!

Capítulo 5

Como fazer seu café ser terapêutico?

Os propósitos do coração do homem são águas profundas, mas quem tem discernimento os traz à tona. (Provérbios 20.5)

Até agora, vimos sobre o que seria aproveitar um momento de café com aconselhamentos, confissões e desabafos. Entretanto, o que também precisamos saber é: como nos portar nesse ambiente; qual é a melhor maneira de utilizar um tempo tão oportuno quanto esse; ou como reagir ao que nos é apresentado.

Afinal, ter esse tempo de qualidade com alguém é algo para se valorizar hoje em dia. Vivemos em uma correria cansativa que não nos permite muito tempo com os outros. Por isso, cada segundo conta. E, caso você esteja pensando em marcar um encontro desses com alguém, já deixo a primeira sugestão: seja sincero quanto ao seu tempo, e a pessoa será com o dela. Se vocês têm apenas uma hora, então deixe marcado e não se atrase. Assim, ambas conseguem desfrutar desse momento tão importante e, ainda, fazer uma quebra na rotina pesada da semana.

E para que as essas conversas sejam produtivas, podemos exemplificar algumas possíveis situações, como:

O que fazer quando nós somos a pessoa que está precisando conversar com alguém sobre algo que nos pesa ou incomoda?

Com certeza, a primeira coisa que devemos fazer é procurar ser o mais franco possível. Quando marcarmos o encontro, já podemos deixar a pessoa avisada de que precisamos desabafar ou estamos em busca de um conselho. Desse modo, evitamos que o tempo que poderia ser usado para resolução de problemas seja uma simples conversa, pois é muito comum, quando nos encontramos com alguém, discorrermos sobre uma porção de amenidades. Quando o tempo já está se esgotando, um pouco antes de ir embora, costumamos dizer: "Então, sabe, eu pedi para tomarmos um café, pois estava precisando falar sobre um assunto...". Além de ser algo ruim, pois deixamos de aproveitar todo o tempo para receber a ajuda que tanto desejávamos, também demonstramos que estávamos receosos em nos abrir desde o início. Normalmente, gastamos mais tempo com assuntos secundários, e o que resta não é suficiente.

O que pode acontecer também é a pessoa que você escolheu não ter uma personalidade assertiva, o que torna a conversa improdutiva e sem foco no assunto principal. Sob o olhar da Psicologia, a assertividade é a forma habilidosa de expressão tanto dos sentimentos quanto dos pensamentos e necessidades, sem prejudicar o outro ou violar seus direitos. Em outras palavras, uma maneira de se expressar sem ansiedade excessiva.

Por causa disso, devemos desenvolver essa assertividade em nós para que, em situações como essas, nada atrapalhe nosso café terapêutico. Assim, se nós estivermos desabafando ou no lugar de quem está ouvindo e aconselhando, saberemos que não podemos perder tempo com assuntos desnecessários para o momento. Afinal, ser pertinente é ser oportuno, adequado e relevante.

Uma boa forma de conseguir permanecer no assunto em questão é colocando nossos pensamentos em ordem, pois, se eles estiverem confusos, não conseguiremos transmitir nada para o outro. Então, é por esse motivo que o ideal é começar a conversa admitindo que o assunto está difícil de ser tratado, e que você está com dificuldades em discerni-lo.

Algo que sempre faço e indico é, antes de iniciar a conversa, convidar o Espírito Santo – nosso Conselheiro, Ajudador e Consolador – para estar conosco. Peço que Ele coloque ordem nossos pensamentos para que nosso tempo seja frutífero, e não desperdiçado. Aliás, é importante também, antes de sair de sua casa, interceder por esse momento do café, no seu tempo de intimidade com Deus Pai, Filho e Espírito Santo. Peça para Eles já prepararem o lugar, a pessoa e a conversa. Tenho plena convicção de que você verá como Deus, que é muito bom, ouvirá sua oração.

Uma outra dica, para os que se esquecem com facilidade, é levar uma agenda e anotar sobre quais assuntos vocês conversaram. E, também, escrever as sugestões recebidas para não se perderem. Já presenciei alguns fazerem isso e achei ótimo, pois, assim, não perdemos tempo com algo que não é objetivo para aquele momento.

Agora, quando estou no lugar de quem precisa conversar, sempre me adianto e já digo: "Bem, eu quis tomar esse café com você, pois estava com muitas dúvidas sobre o que aconteceu nos últimos dias e como reagi. Gostaria de saber sua opinião. Estou aberta a correções e sugestões, se necessário". Em seguida, começo a contar os fatos enquanto tomamos o café. Se tenho de confessar e orar, procuro fazer isso de forma natural e informal. Afinal, eu não preciso fechar bem os olhos e juntar as mãos para ser ouvida por Deus. Mas posso ser naturalmente espiritual e espiritualmente natural, vivendo sem religiosidade quando se trata de oração.

Outra situação que acontece é quando sua companhia só precisa de alguém para ouvi-la. É incrível como, por vezes, a pessoa fala o tempo todo e, depois do café ou do chá, diz: "Como me fez bem falar com você, não imagina como me ajudou!". Mas, na verdade, ela só precisava desabafar e ser ouvida com atenção, olhando face a face. E quando estamos no papel de aconselhar, esse modo de agir pode fazer esse momento ser terapêutico.

Uma pessoa nos procurou ou percebemos que alguém está precisando de um tempo terapêutico

Essas duas situações exigem uma postura da nossa parte. O primeiro caso é quando alguém vem nos procurar, o que significa que demonstramos para essa pessoa confiança, amor e sabedoria. Então, mais do que nunca, devemos buscar intensamente o direcionamento do Espírito Santo.

Em outro caso, se a pessoa está precisando, mas ainda não se sente confiante o suficiente para se abrir, acredito que devemos tomar a inciativa e fazer o convite. Por mais que ela não aceite ou demonstre incerteza, o importante é ela saber que encontrou alguém com quem pode se abrir em um espaço sem julgamentos.

Para essas duas situações, sempre procuro combinar o café de imediato. Afinal, temos esse costume de dizer "quem sabe um dia" e nunca marcamos nada de fato. Ou seja, se temos a disposição de ouvir alguém, não podemos criar empecilhos, e, sim, demonstrar que temos interesse em ajudar.

Preocupe-se com o café em si. Por vezes, a pessoa fala e fala, e o café está esfriando, ou ela nem sequer pediu a bebida ainda. A ansiedade é tanta que se esquece do restante. Você pode ser gentil e perguntar se ela não quer fazer seu pedido. Quando o café chegar, converse um pouco sobre você, enquanto a pessoa degusta. Aguce a sensibilidade dela para perceber pequenos detalhes e procure saber como ela está. Isso faz parte da experiência.

Além disso, o principal nesse momento é dar sua atenção plena. Não fique olhando para seu celular, para o cardápio ou para o relógio enquanto a pessoa fala. Eu costumo orar pelas pessoas com quem vou me encontrar e pergunto para Jesus: "Tem algo especial que o Senhor quer tratar nesse café?", e fico esperando Deus me falar. Tenha paciência: aprenda a ouvir Sua voz. Para isso, é necessário estar sensível no momento.

Já aconteceu de Deus me mostrar uma caixa cheia de coisas misturadas, me dizendo que deveria ajudar a pessoa a colocar, primeiro, os pensamentos em ordem. Então, começamos a estabelecer as prioridades. Eu perguntei: "O que o incomoda mais, de todas essas coisas que você falou?". Uma vez identificado o assunto principal, tratamos dele, deixando os demais para uma próxima vez.

Em outra ocasião, orando, Deus me mostrou uma caixa de lenço de papel, na frente da pessoa com quem iria tomar café. Pensei: "Acho que hoje haverá algum assunto que fará que a pessoa se emocione, chore". Aliás, aproveito para dar uma outra sugestão: nunca saia de sua casa sem ter na bolsa um pacotinho de lenço de papel. É bem conveniente estar preparado para possíveis lágrimas derramadas.

Na situação em questão, estava conversando com a pessoa e percebi que não havia nada a ser tratado que necessitasse de uma caixa de lenço. Fiquei intrigada com o fato de Deus ter me mostrado aquilo "à toa". De repente, fiz uma pergunta sobre um relacionamento mal resolvido, e a pessoa desabou a chorar, e lá se foram muitos lenços e muita cura de feridas emocionais. Então, fiquei alegre de o Senhor ter me preparado para aquilo.

O encontro foi marcado pelo simples motivo de que você ou a outra pessoa está querendo passar tempo juntos para rir e conversar

Não podemos resumir nossos cafés a somente momentos sérios. Afinal, separar um tempo para rir e conversar também é terapêutico. Nós nos esquecemos facilmente de que a descontração também é essencial para lidarmos com as questões da vida, tendo em vista que focar nossa mente apenas em problemas e tristezas não ajuda ninguém. Como muitos dizem, rir é o melhor remédio.

Vejo muitos profissionais que levam uma rotina estressante de trabalho, assim como aqueles que, além disso, precisam cuidar dos afazeres domésticos. Suas mentes estão sempre pensando nas preocupações diárias, e acontece que, se não tomarem o devido cuidado, chegam a um *burnout*[1], comumente conhecido como esgotamento mental. Suas cabeças estão tão ligadas com a vida corrida que não descansam como deveriam. Acredito que isso esteja se tornado cada vez mais comum atualmente.

Por conta disso, precisamos tirar um tempo para nos desligar dos problemas e nos divertir. Ao fazer atividades que nos agradam e de que realmente gostamos, como um *hobby*, cuidamos da nossa saúde emocional e física. Afinal, todo o estresse em excesso gera algo negativo em nosso corpo. Ao criarmos esse costume de nos cuidar, veremos que, aos poucos, deixaremos de sentir-nos tão pressionados ao realizar nossos afazeres, pois será algo natural e prazeroso. Ou seja, estar junto de pessoas ou fazer algo que nos distrai das preocupações nos faz muito bem.

Quando paro para me recordar de tudo que já vivi com minha família, sempre vejo momentos bons e cheios de descontração. Somos pessoas bem--humoradas, e quando nos reunimos para tomar um chá, sempre damos muitas risadas. E vejo como isso reflete em minha vida de maneira positiva. Ter crescido em um lar onde, apesar das dificuldades, quase todos tinham um bom senso de humor foi de grande ajuda para minha relação com as outras pessoas.

---

[1] BRUNA, Maria Helena Varella. **Síndrome de burnout** (esgotamento profissional). Drauzio Varella. Disponível em *https://drauziovarella.uol.com.br/doencas-e-sintomas/sindrome-de-burnout-esgotamento-profissional/*. Acesso em dezembro de 2019.

Por vir de uma família oriental, temos o costume, assim como os ingleses, de tomar chá. Me recordo de ouvir minha mãe, por diversas vezes, dizer que tomaria um chá para descansar, e, com o tempo, adquiri esse mesmo hábito. É como uma herança de família. Ao participar de congressos médicos, dando palestras e assistindo aos cursos, chegava ao hotel e pedia um chá "para descansar". O engraçado é que compartilhava dessa mesma experiência com uma amiga, que também vem de família oriental e é médica, da mesma especialidade que a minha, professora da Unicamp. Por viajarmos muito juntas, repetíamos a frase da minha mãe: "Vou tomar um chá para descansar".

É incrível como essa bebida traz vários benefícios à nossa saúde. Cada tipo de chá refletirá de modo positivo em um ponto diferente. Por exemplo, em momentos de insônia, a camomila nos ajuda a dormir; o chá de hortelã preserva a memória; o mate diminui o colesterol; o hibisco controla a pressão arterial; o chá preto protege o coração; e o verde é bom para diabéticos.[2] Dessa forma, podemos cuidar muito melhor de nós mesmos se criarmos o simples hábito de tomar um chá.

Por fim, quero voltar nossa atenção mais uma vez para a importância da nossa comunicação. Apesar de ela hoje ser mais fácil e rápida por causa das redes

---

[2] BERGAMO, Karolina; MANARINI, Thaís. **O que a ciência diz sobre o efeito de 7 chás**. Publicado em outubro de 2016. Disponível em *https://saude.abril.com.br/alimentacao/o-que-a-ciencia-diz-sobre-o-efeito-de-7-chas/*. Acesso em dezembro de 2019.

sociais, temos pouco contato face a face, o que é lamentável, pois o relacionamento direto com pessoas positivas ou que sabem curtir um tempo de qualidade para descontrair é terapêutico. E isso me lembra um versículo que li na terceira carta de João. Ali, ele estava escrevendo ao seu amigo Gaio:

> Tenho muito mais a lhe dizer, mas não desejo fazê-lo com pena e tinta, pois espero vê-lo em breve, e então conversaremos pessoalmente. (3 João 1.13-14)

A necessidade de ter encontros pessoais nesta era digital é importante e depende realmente de uma disciplina. Muitas vezes, um olhar, um gesto, uma postura podem nos dar a percepção do que a pessoa necessita. É justamente por isso que não devemos sair de casa colocando máscaras, tentando esconder o que somos ou estamos sentindo.

Sendo assim, busquemos amizades com quem possamos ser nós mesmos. E, principalmente, que nos aproximemos de pessoas em quem reconhecemos o amor de Deus, incondicional e que não nos julga nem condena.

Capítulo 6

Café terapêutico com mentoreamento

Semelhantemente, as mulheres mais velhas devem viver de modo digno. Não devem ser caluniadoras, nem beber vinho em excesso; antes, devem ensinar o que é bom. Devem instruir as mulheres mais jovens a amar o marido e os filhos, a viver com sabedoria e pureza, a trabalhar no lar, a fazer o bem e a ser submissas ao marido. Assim, não envergonharão a palavra de Deus. (Tito 2.3-5)

Comecei a ouvir e a entender sobre o que é o avivamento por volta de 1975. Nesse contexto, eu me lembro de que o nome da evangelista Kathryn Kuhlman sempre era citado como exemplo de uma pessoa cheia da unção do Espírito Santo, e que ela estava realizando curas e outras maravilhas em nome de Cristo. Inclusive, no fim de sua vida, mesmo enferma e precisando permanecer em repouso, diversas pessoas a visitavam para receber orações, e eram curadas.

Ainda nova, eu ouvia sobre suas histórias e orava pedindo a Deus: "Quando eu estiver velhinha, idosa, como Kathryn, quero também continuar sendo usada pelo Senhor. Se eu não tiver condições de ir às reuniões ou de sair de casa, permita que as pessoas me procurem, para poder ministrar salvação, cura e esperança no nome de Jesus Cristo". E até hoje carrego esse sentimento. Contudo, nunca deixei que isso ficasse estagnado em um simples desejo, mas sempre fiz de tudo para colocar em prática. Em consequência, via – e continuo vendo – o Espírito Santo me usando para cuidar de vidas e apresentar Jesus a muitas pessoas. Por essa razão, me dedico muito ao que Deus me chamou para fazer e aos cafés que tenho regularmente.

Ao pensar em como o Senhor ouve minha oração, como tem criado diversas oportunidades para que eu consiga dar continuidade a esse ministério, fui percebendo a necessidade das pessoas de serem cuidadas de uma maneira mais próxima. Essa perspectiva se fez mais real quando, certa vez, me reuni com uma apóstola e uma pastora. Durante nossa conversa, elas me perguntaram se eu não poderia mentoreá-las, pois me consideravam uma mulher madura, experiente e que poderia auxiliá-las em muitas coisas. Fiquei muito lisonjeada com o convite e o aceitei, já que eu amava acompanhar pessoas.

O interessante dessa situação era que algo com o qual eu sempre tinha sonhado começava a acontecer. Por muito tempo, desejei ter um grupo de aconselhadores confiáveis e leais. Naquele memento, via isso tornando--se minha realidade. O fato de líderes e pastores, independentemente da igreja que frequentavam, terem em seus corações o desejo de serem ajudados me dava mais convicção de que esses acompanhamentos poderiam se desenvolver. Tendo isso em mente, tanto eu como meu marido nos dedicamos a um grupo de aconselhamento na casa do Senhor. Como já estamos aposentados das atividades médicas, nos tornamos membros do conselho da nossa igreja local, devido à nossa agenda estar mais disponível para ajudar as pessoas de nossa e de outras denominações.

Com o tempo, o que inicialmente era apenas um desejo, se tornou algo real. E perdura por mais de dez anos. No começo, fazíamos estudos em nossa casa com pessoas que haviam feito um curso de aconselhamento. Depois, ao longo dos anos, fomos conhecendo mais pessoas, e muitas foram acrescidas ao grupo. Então atribuímos o nome de Grupo **CASA: C**rescimento e **A**poio à **S**aúde da **A**lma. Conforme fazíamos nossos encontros, percebíamos que muitos apareciam com muita vontade de crescer e com objetivos comuns. E mesmo alguns sendo de outras cidades ou de pontos afastados de Campinas, a distância não era um impeditivo para comparecerem às reuniões.

Durante nossos momentos em grupo, estudávamos livros com assuntos de interesse dessas pessoas, com o objetivo de ajudá-las em seu crescimento pessoal, além de nos aprofundar na área de aconselhamento, para auxiliá-las quando fossem aplicar esses conhecimentos a outros. Também usávamos muitos livros que nos foram sugeridos durante o curso de Pós-Graduação em Aconselhamento Cristão no Instituto de Formação Cristã (IFC), em Vinhedo, São Paulo.

Após a discussão dos temas, éramos desafiados a colocar, em primeiro lugar, aquilo que necessitávamos tratar, referente ao assunto do momento. Depois disso, tínhamos nosso tempo de orar em grupos pequenos, expondo a Deus, pedindo perdão uns aos outros e sendo curados de feridas. Conforme nos reuníamos, ficávamos cada vez mais entusiasmados com o que estava acontecendo, apesar de percebermos que nem todos conseguiam manter a constância que esperávamos. Por conta disso, não havia condições de formar uma equipe com crescimento linear, focada na visão. Então, foi nesse momento que decidimos tomar uma decisão, alinhando alguns requisitos para os que desejassem pertencer ao grupo, e, assim, até hoje mantemos as nossas reuniões mensais.

Entretanto, ainda que, há anos, dissertem sobre a importância e a necessidade de pessoas que façam esse modelo específico de acompanhamento, infelizmente, não é algo tão fácil de se encontrar. Posso usar minha história como exemplo. Busquei durante um bom tempo, inclusive dentro da Igreja, e demorei muito até encontrar alguém com quem pudesse contar para me aconselhar. Por essa razão é que acredito que nosso preparo e nossa responsabilidade devem ser os maiores e os melhores.

Isso me lembra de um livro com o qual tive contato há um tempo: *Aprenda a mentorear*[1]. O autor, Howard Hendricks, usa a vida de Elias para que nós consigamos perceber o mentoreamento que o profeta fez com seu discípulo, Eliseu, por meio de sua trajetória. Um dos trechos que mais me chamou a atenção foi:

---

[1] HENDRICKS, Howard. **Aprenda a mentorear:** você pode deixar uma marca de impacto em sua geração. Curitiba: Betânia, 1999.

Mentorear, por natureza, envolve essas duas questões, tanto em princípios como na prática. Portanto, é um relacionamento sutil, mas poderoso, em que uma pessoa pode alterar o curso da vida de outra. É exatamente isso que o Senhor deseja – um indivíduo disposto a exercitar a sua fé e usar aquilo que Deus lhe deu. É assim que causamos impacto.

Essa definição se parece muito com a que encontramos no dicionário, que diz que mentor é aquele que guia e aconselha, um mestre por excelência. É esse o papel que temos na vida dessas pessoas, guiar e aconselhar de maneira que elas façam aquilo que será o mais correto para suas vidas. Carrego esse pensamento comigo desde a primeira vez em que fiz um mentoreamento. Lembro-me de fazer um café da manhã bonito e com várias opções de guloseimas. Contudo, durante a reunião, fomos alinhando nossas expectativas e percebi que gastamos mais tempo comendo do que conversando. Ao mesmo tempo em que me sentia um tanto quanto insegura com aquela posição, afinal, estava ali com mulheres guerreiras e muito usadas por Deus, também tinha um sentimento de honra por ter sido escolhida. Nós marcamos um horário mensal e decidimos que trabalharíamos com assuntos pessoais, e até mais gerais, mas, claro, tudo sendo dirigido pelo Espírito Santo.

Desde então, tenho feito isso. Marco uma data na minha agenda e, sempre que posso, preparo um bolo para comermos com café e termos um tempo de terapia, juntas com Deus. Confesso que existem encontros com muito choro, mas com almas curadas. Também temos momentos em que conversamos sobre a visão e o caminhar de cada uma delas no seu chamado. Eu divido as experiências que tive, as dificuldades, as guerras espirituais, as conquistas e as rasteiras que já levei de Satanás por ingenuidade e por falta de discernimento espiritual, ou mesmo por não ter me aliançado com intercessores fiéis e guerreiros. Por causa de tantos anos vividos e experimentados com Deus, tenho muitas coisas para contar.

Ao longo desses encontros, tenho conseguido trabalhar com essas mulheres por meio da **Terapia Baseada em Temperamentos**, que é um tratamento que busca amenizar os efeitos dos problemas utilizando o teste FIRO-B (Fundamental Interpersonal Relations Orientation-Behavior). Essa ferramenta é utilizada para conhecer o temperamento, dentro de três necessidades: inclusão, controle e afeto. Assim como também serve para ver os pontos tanto positivos quanto negativos de cada temperamento e verificar se a pessoa está no equilíbrio de seu estado característico ou não. O teste também avalia se a necessidade desejada e a expressada de cada aspecto psicológico e moral está em concordância, e se há compulsões ou frustrações nessas áreas.

Com base nisso, uso esse tipo de terapia para conhecer a pessoa e, em muitos casos, tratar as feridas da alma e ministrar a restauração. Às vezes, as ajudo a serem libertas de heranças transgeracionais. Além das conversas sobre minhas experiências boas e más da vida eclesiástica, posso sempre pontuar a fidelidade do bom e amado Deus, que tem me ajudado a vencer e a crescer, trazendo solidez à minha resiliência ao longo dos anos.

Sendo assim, quando penso naquilo que o apóstolo Paulo escreveu em Romanos 8.28: "E sabemos que todas as coisas contribuem juntamente para o bem daqueles que amam a Deus, daqueles que são chamados segundo o seu propósito"; e também em relação ao que ouvi ano passado do pastor Bill Johnson, em uma conferência em Brasília: "Deus não desperdiça nada", posso dizer, com certeza, que passei por muitas fases difíceis – e ainda passo –, mas tudo coopera para eu poder ajudar os outros. E este é meu alvo na vida.

O sonho de ajudar pastores e líderes que não têm com quem abrir seus corações, a não ser com alguém de fora de suas congregações, está se realizando através do grupo CASA. E vejo também a fidelidade de Deus nesse mentoreamento com mulheres de fé. Inclusive, no dia de hoje, tivemos nosso encontro. Enquanto me lembro do nosso momento juntas, se renova em mim o sentimento de estar fazendo uma coisa que me motiva. Aprecio muito tomar um café gostoso com elas, um café terapêutico, e, ao mesmo tempo, deixar uma marca de impacto em sua vida e geração, como disse Howard Hendricks[2].

---

[2] Autor citado anteriormente, cujo trecho do livro traz uma afirmação a esse respeito.

Capítulo 7

Café terapêutico com crescimento emocional e espiritual

> O caminho dos justos é como a primeira luz do amanhecer, que brilha cada vez mais até o dia pleno clarear.
> (Provérbios 4.18)

Quando idealizei sobre o que escreveria neste capítulo, logo me lembrei da passagem acima, pois, na minha visão, crescer sempre foi um desafio. Eu costumo dizer para as pessoas que, se as suas experiências com a Trindade forem as do ano passado ou até as de muitos anos atrás, elas não estão na "vereda do justo" ou, ainda, como diz na versão citada, no "caminho dos justos". Tendo em vista que nossa trajetória deve ser progressiva, uma vez que viver sempre do mesmo jeito não nos leva ao que Deus projetou.

Vejo muito essa mentalidade de crescimento ao tomar café com pessoas que têm sempre algo novo para contar. Elas compartilham novas experiências, novos aprendizados, áreas de suas vidas que foram transformadas ou alguma revelação da Palavra de Deus. Esses momentos são terapêuticos porque geram fome por crescer, e ter fome é um sinal de saúde. O mais interessante é que essa forma de progresso não para somente em quem está vivendo, mas também é usada para fortalecer os outros.

Posso dizer com sinceridade e certeza de que Deus me deu um amor muito grande pelas pessoas. Além disso, Ele me fez com um temperamento sanguíneo na área do afeto, ou seja, sou movida por relacionamentos pessoais. Aprendi isso com o dr. Danilo Polanco,

PhD em Teologia e em Psicologia, e autor do livro *Os cinco temperamentos*[1].

Toda minha personalidade demonstra esse dom que o Senhor me deu. Eu gosto de pessoas, de observá-las, de sentir, de perceber o olhar, de ver suas reações diante de situações, e até suas posturas ou gestos. Enfim, tudo nelas, porque sei que esta afeição veio da parte de Deus, que é totalmente amor. Esse presente que recebi do Senhor é algo que marca minha história e meus relacionamentos. Exemplo disso é uma amizade querida que cultivei.

Em uma determinada época, tive uma amiga e filha espiritual que foi para o Japão, a fim de trabalhar para poder sustentar suas duas filhas que estudavam aqui no Brasil. Eu a conheci na porta da escola na qual nossas filhas estudavam quando muito pequenas e, por meio dessa amizade de "portão", ela foi sendo evangelizada, até que se rendeu totalmente ao Senhor Jesus.

Após uma fase difícil de sua vida, ela partiu para o Japão, onde trabalhou como secretária de uma escola para filhos dos *decasséguis*[2]. E lá frequentava uma igreja evangélica dirigida por uma missionária *nissei*[3] que sentira o chamado para ir ao Japão evangelizar

---

[1] POLANCO, Danilo. **Os cinco temperamentos:** aprenda nos nomes de Deus como compreender melhor Sua personalidade. São Paulo: Geográfica, 2018.

[2] Nome que se dá ao trabalhador temporário oriundo de outro país.

[3] *Nissei* é a segunda geração dos imigrantes japoneses.

esse povo. Por conta de alguns congressos médicos, em geral, na área da minha linha de pesquisa (amigdalas e adenoides), eu acabava viajando para seu país. Por duas vezes, fiz questão de aproveitar a viagem e ir à cidade onde ela morava para visitá-la. Afinal, era minha filha espiritual e eu sentia o dever e a consideração de fazer isso por ela. Até porque ela também havia me convidado para falar em sua igreja sobre "cura da alma" para os *decasséguis*.

Durante minha visita, nós nos sentávamos para tomar chá e comíamos um doce chamado *ochagashi* e, assim, ficávamos horas conversando. Eu queria repartir tudo o que Deus estava fazendo na minha vida. As experiências novas que tivera com Ele, o que aprendera, as dificuldades pelas quais passara, as derrotas e as vitórias. Ela, por sua vez, também fazia o mesmo. Nas duas vezes em que a encontrei, fez o mesmo comentário: "Você sempre tem algo novo para contar de suas experiências com Deus, e isso me edifica muito e gera mais fome por Deus".

Hoje, essa amiga mora em São Paulo. Nós duas sentimos saudades daqueles cafés, pois agora, tendo seus netos por perto, ela não consegue mais sair e ter esse tempo. Às vezes, eu digo a ela: "Parece que quando você estava tão longe no Japão a gente tinha mais tempo do que agora que estamos em cidades vizinhas". Quando eu ia para lá, ou se ela vinha para Campinas, fazíamos questão de tomar nosso café e compartilhar todas as experiências acumuladas pelo período em que estávamos longe.

O engraçado é que uma outra amiga recentemente se mudou de Campinas para Brasília, fazendo o mesmo comentário. Do mesmo jeito, ela me disse: "Você sempre tem coisas novas para contar e isso me edifica e me anima muito". Também por *e-mail* me escreveu: "Querida, Lu, espero que todos vocês estejam bem, e espero também em breve poder tomar um café bem gostoso para colocarmos nossa conversa em dia". Era o tempo do nosso café terapêutico que tanto ansiávamos.

Conto isso para ilustrar o quanto um simples café pode ser, ao mesmo tempo, terapêutico, gerando um desejo por esse desenvolvimento e, ainda, ocasionar um crescimento, pois, toda vez que somos curados, um dos sinais de saúde que podemos notar é a fome. Por isso que digo que esses momentos despertam em nós uma vontade de termos mais tempo de amizade, de abrir o coração, de poder falar e ser ouvido, de dar risada e de, como diz o dito popular, ter "tempo para desopilar o fígado" – ficar de bom humor, fazer uma higiene mental, rir com os que estão doentes.

É por causa da importância dessas coisas que tenho tempo para cafés com algumas pessoas que me fazem crescer, e sugiro que você também o tenha. Algumas amigas são experientes em libertação e, quando preciso tirar dúvidas sobre algum caso, eu as procuro, peço opinião e orientação. Tenho outra amiga psicóloga que, como eu, se formou em Terapia Baseada em Temperamentos. Por isso, eu a procuro com certa frequência. Usamos nosso café para tirar dúvidas sobre casos que estou tratando e, se eu mesma precisar de um conselho pessoal ou de terapia, aproveito esse tempo. Tenho amigos com quem gosto de estar junto para fazer tudo isso ao mesmo tempo. Esses momentos me fazem crescer e aprender a ter mais fome por Deus e por tudo o que diz respeito à ajuda e ao crescimento mútuo.

Além dessas pessoas com quem eu costumo fazer as confissões, cito minha irmã, que mora em Campinas e é muito minha amiga. Logo que cheguei nessa cidade ela me acolheu. Nós costumamos tomar café da manhã com certa periodicidade e, em geral, quando temos de resolver coisas, como abrir o coração reciprocamente, ou quando uma diz à outra: "Descobri uma herança de família sobre a qual eu preciso me libertar, pois, como costumo dizer, somos farinha do mesmo saco". Nós nos entendemos e sempre oramos juntas, especificamente pelas questões levantadas. Sou muito grata a Deus por ter ela por perto.

Por isso, acredito que esse café que traz crescimento mútuo deveria constar no seu cardápio. Afinal, nos dias corridos em que vivemos, em que todos estão conectados e poucos engajados, vemos a dificuldade em separar tempo para o *tête-à-tête*, do francês, "conversa particular entre duas ou mais pessoas". Sendo assim, afirmo que prioridade e disciplina são os termos que usaria para descrever o que é necessário para se ter esse café terapêutico.

Fico muito feliz quando penso que, ao ter um tempo com algumas pessoas, vou poder compartilhar diversas novidades sobre o que Deus tem me falado, ensinado e corrigido. Carrego esse sentimento porque, desde muito tempo, quando lia as cartas do apóstolo Paulo, eu pedia a Deus que me enchesse de sabedoria, do conhecimento d'Ele e da Inteligência Espiritual. Eu sabia que precisava muito disso e orava sempre insistindo nesse pedido. Esse assunto sempre me instigou, mas confesso que, de início, sem muito entendimento, a não ser a compreensão de que precisava crescer, conhecer mais a Deus e ter a mente de Cristo, eu ficava pensando qual seria o motivo de Paulo repetir esse tema em suas orações no começo de algumas de suas cartas, como podemos ver:

> Para que o Deus de nosso Senhor Jesus Cristo, o Pai da glória, vos dê em **seu conhecimento o espírito de sabedoria e de revelação, tendo iluminados os olhos do vosso entendimento**, para que saibais qual seja a esperança da sua vocação, e quais as riquezas da glória da sua herança nos santos. (Efésios 1.17-18 – ARC – grifo da autora)

> E peço isto: que o vosso amor cresça mais e mais em **ciência e em todo o conhecimento, para que aproveis as coisas excelentes**, para que sejais sinceros, e sem escândalo algum

até ao dia de Cristo. (Filipenses 1.9-10 – ACF – grifo da autora)

Por esta razão, nós também, desde o dia em que o ouvimos, não cessamos de orar por vós e **de pedir que sejais cheios do conhecimento da sua vontade, em toda a sabedoria e Inteligência Espiritual**; para que possais **andar dignamente** diante do Senhor, agradando-lhe em tudo, frutificando em toda a boa obra, e crescendo no conhecimento de Deus. (Colossenses 1.9-10 – ARC – grifo da autora)

Tendo em vista que hoje temos diferentes traduções da Bíblia, ao ler esses mesmos trechos na Nova Versão Internacional (NVI), na Nova Versão Transformadora (NVT), na King James Atualizada (KJA) e até na Bíblia de Estudo Plenitude (BEP), pude captar um pouco melhor os pontos salientados nessas orações de Paulo, como: o pleno conhecimento de Deus e da Sua vontade; o espírito de sabedoria e de revelação; além de entendimento, Inteligência Espiritual, discernimento ou percepção. Tudo isso com o objetivo de crescer, de ser excelente e de transbordar no amor do Senhor, para, então, vivermos de modo digno d'Ele e de nosso chamado, ao agradá-lO.

E essa mentalidade é algo que carrego há anos. Tanto que, em um dos meus aniversários, minha irmã que mora em São Paulo me enviou um presente com um cartão que continham frases com esses recados de Deus. Nele estava escrito que ela desejava que eu crescesse em conhecimento e em Inteligência Espiritual. Eu me lembro de ler e ficar emocionada, e, também, de pensar que era exatamente isso de que eu precisava e que havia pedido a Deus.

Nosso Senhor é tão fiel e tão bom que pude participar em janeiro de 2019 do *training/seminar*: "La inteligencia espiritual en el desarrollo sicosocial", ministrado pelo dr. Danilo Polanco. Nesse momento, eu realmente precisava entender o que é a Inteligência Espiritual que o apóstolo Paulo citou em suas orações. Não vou conseguir colocar tudo o que foi me ensinado naquele curso, mas algumas coisas chamaram minha atenção, e vou compartilhar para que gere em você, leitor, a fome por crescimento no conhecimento de Deus e da Inteligência Espiritual.

Há algum tempo, começamos a ouvir muito sobre a Inteligência Emocional por meio de livros, artigos e palestras. Existe a Inteligência Intrapessoal, que é a capacidade de o indivíduo identificar as próprias emoções e sentimentos, dominando-as favoravelmente. O psicólogo Howard Gardner (nascido em 1943) desenvolveu a teoria das inteligências múltiplas (linguística, musical, lógica etc.). Nessa mesma época, a ciência realizou estudos que identificam o **QI** (quociente de inteligência) como um medidor da inteligência dos indivíduos. A essa inteligência dá-se o nome de **Inteligência Racional**.

Porém, no começo dos anos 1990, o psicólogo Daniel Goleman (nascido em 1946) identificou que o ser humano tem dois lados, o racional e o emocional, sendo capaz de desenvolver empatia, relacionamento com outras pessoas, ter motivação, gratidão, entre outras habilidades. Portanto, nós também possuímos a **Inteligência Emocional**. Para esse autor, o indivíduo emocionalmente inteligente é aquele que consegue identificar suas emoções com mais facilidade; tem a capacidade de controlar impulsos; canalizar emoções para situações adequadas; praticar gratidão; motivar e encorajar pessoas, além de muitas outras coisas que ele cita em detalhes. Goleman diz que o cérebro é a máquina e a fé, o ingrediente. Assim, precisamos mudar o ingrediente para mudar a máquina.

Li recentemente um livro chamado *Ative seu cérebro*[4], de Caroline Leaf, uma neurocientista e pesquisadora cristã que quebrou muitos paradigmas que eu carregava. Alguns pontos que achei interessantes em seu livro são:

> A visão correta é de que a mente está estruturada para controlar o corpo, do qual o cérebro faz parte, e não o contrário disso. [...] Você não pode controlar os eventos e circunstâncias da vida, mas pode controlar as suas reações a esses eventos e circunstâncias. Nós podemos mudar a natureza física do nosso cérebro através dos pensamentos

---

[4] LEAF, Caroline. **Ative seu cérebro**. Brasília: Chara, 2018.

e escolhas. [...] Você foi projetado para sair de si mesmo e analisar sua própria mentalidade e mudá-la.

Então eu diria que a fé, mais o pensamento, seriam os ingredientes para mudar nosso cérebro, usando como base as palavras de Daniel Goleman. Assim como em Romanos 12.2, o apóstolo Paulo diz sobre isso:

> Não imitem o comportamento e os costumes deste mundo, mas deixem que Deus os transforme por meio de **uma mudança em seu modo de pensar,** a fim de que experimentem a boa, agradável e perfeita vontade de Deus para vocês. (grifo da autora)

Já em uma outra passagem, Paulo instrui o modo como devemos pensar:

> Por fim, irmãos, quero lhes dizer só mais uma coisa. Concentrem-se em tudo que é verdadeiro, tudo que é nobre, tudo que é correto, tudo que é puro, tudo que é amável e tudo que é admirável. Pensem no que é excelente e digno de louvor. Continuem a praticar tudo que aprenderam e receberam de mim, tudo que ouviram de mim e me viram fazer. Então o Deus da paz estará com vocês. (Filipenses 4.8-9)

As cartas do apóstolo ensinam de forma imperativa que devemos sempre ser transformados por meio da renovação da nossa mente. Elas também nos mostram a forma como isso deve acontecer, como pensar em tudo o que é verdadeiro (deixando as mentiras de Satanás), o que é nobre (digno de filhos do Rei), tudo o que é puro (limpo, santo), amável, admirável, excelente (pensando no melhor que você pode ser), isto é, alimentar nossa mente com coisas boas e positivas. Se a mente está saudável, o cérebro é desintoxicado e há um estímulo na formação de tecidos nervosos; como resultado, o aumento e a melhora da nossa cognição. Além de, como diz Caroline Leaf, diminuir a incidência de Alzheimer, ansiedade e outros transtornos mentais.

Já a Inteligência Espiritual é um terceiro nível de compreensão que coloca nossos atos e nossas experiências sob um contexto mais amplo de sentido e valor, tornando-os mais efetivos, como dizem o psiquiatra Ian Marshall a dra. Danah Zohar, física e filósofa do Massachusetts Institute of Technology (MIT) e psicóloga da Universidade de Harvard, em sua obra *QS Inteligência Espiritual*[5].

> Ter alto QS implica ser capaz de usar o espiritual para ter uma vida mais rica e cheia de sentido, adequando senso de finalidade e direção pessoal. Ter ou desenvolver Inteligência Espiritual aumenta nossos horizontes e torna-nos mais criativos. É uma inteligência que nos impulsiona e está ligada à necessidade humana de ter um propósito de vida. Respeitando

---

[5] ZOHAR, Danah; MARSHALL, Ian. **QS Inteligência Espiritual**: aprenda a desenvolver a inteligência que faz a diferença. Porto Alegre: Viva Livros, 2012.

os valores individuais e da sociedade que norteiam as ações da humanidade.[6]

Contudo, o assunto possui uma porção de quesitos a serem considerados. Ainda mais depois de o psicólogo americano de Harvard, Howard Gardner, psiconeurologista especializado no estudo da inteligência humana, defender a ideia de que: "A Inteligência Espiritual inclui a inteligência racional e emocional para transcendê-las, para melhorar nosso desenvolvimento e nossa conexão com nós mesmos e com os outros"[7].

Segundo as pesquisas da dra. Zohar, nosso cérebro possui uma parte específica em que se registram as atividades existenciais. Em outras palavras, quando temos estímulos em relação à busca por sentidos e valores da vida. Um de seus embasamentos teóricos se encontram na neuropsicologia:

> Nos anos 90, o neuropsicólogo Michael Persinger e o neurologista Vilanu Ramachandran identificaram um ponto no cérebro humano. Localizado nas conexões neurais nos

---

[6] **Inteligência Espiritual nos negócios**: o diferencial para o futuro das organizações. Publicado pelo blog Razão Humana em julho de 2018. Disponível em *https://www.razaohumana.com.br/inteligencia-espiritual-nos-negocios-o-diferencial-para-o-futuro/*. Acesso em dezembro de 2019.

[7] **Inteligência Espiritual**: a busca por um propósito através da calma interior. Publicado pelo blog A mente é maravilhosa em agosto de 2018. Disponível em *https://amenteemaravilhosa.com.br/inteligencia-espiritual-calma-interior/*. Acesso em dezembro de 2019.

lobos temporais, esse ponto aciona a necessidade humana na busca do "sentido da vida". O ponto foi denominado "O Ponto de Deus". Através de escaneamentos feitos com topografia de emissão de pósitrons, os cientistas mostraram que a área se iluminava toda vez que os pacientes discutiam temas espirituais. (ZOHAR; MARSHAL, 2012)

Já para o pai da psicologia positiva, o psicólogo e PhD Robert Emmons, conhecido por suas investigações sobre psiconeurologia e religião, o nível espiritual se encontra no centro da estrutura hierárquica de pensamento, a qual pode ser alterada devido aos diversos estímulos do meio. Ele também enfatiza o poder da gratidão e diz que o cristão deve sempre transcender, ou seja, elevar-se acima, indo além do mundo físico e do cotidiano, para galgar um patamar qualitativamente mais refinado de percepção e de relacionamento divino. Tanto de si mesmo quanto do mundo circunstante.[8]

Em outras palavras, para esse autor, a Inteligência Espiritual seria a santificação, e o transcender seria o processo de se chegar até esse ponto. E tenho percebido como, atualmente, pouco se fala sobre esse assunto e quão escassa é a mensagem pregada nos púlpitos, impulsionando o cristão a buscar por esse caminho. Gosto da definição de Emmons, citada acima, pois devemos mesmo nos separar e nos santificar para sermos

---

[8] SILVA, Leonice. **Existe uma inteligência existencial/espiritual?**: o debate entre H. Gardner e R. A. Emmons. Revista de Estudos da Religião: São Paulo, 3. ed., p. 47 a 64, 2001. Disponível em *https://www.pucsp.br/rever/rv3_2001/p_silva.pdf*. Acesso em dezembro de 2019.

a luz em meio às trevas. Assim, estaremos sempre nos lugares altos para fazer com que se tornem conhecidas as verdades de Deus.

Já nos dias de hoje, sabemos que temos uma distinção de nosso intelecto pela Inteligência Racional (QI), a Emocional (QE) e a Espiritual (QS). Como vimos, o QI passou a ser pouco valorizado após a introdução dos conceitos do QE; quanto o QS, ele tornou-se mais relevante recentemente. O dr. Danilo Polanco fala sobre a Inteligência Espiritual em seu livro sobre os cinco temperamentos, sobre o qual comentamos no início deste capítulo, mas à luz da palavra de Deus: "O nosso Eu precisa estar bem no centro e em equilíbrio com a nossa parte cognitiva, perceptiva, social, espiritual e fisiológica" (POLANCO, 2018).

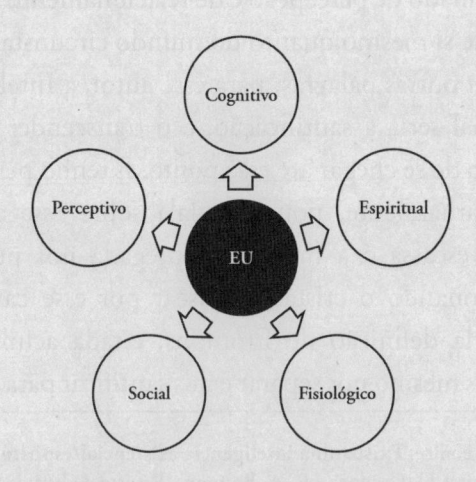

Gráfico realizado no curso "La inteligencia espiritual em el desarrollo sicosocial", do dr. Danilo Polanco.

O equilíbrio vem de Deus, pois cada pessoa precisa tratar e/ou se libertar das distorções das bagagens que carrega, dos traumas, das crises, com ou sem perdas, das heranças negativas da família, assim como as distorções dos temperamentos citados no meu livro *Lapidados à imagem e semelhança de Jesus*[9].

A Inteligência Espiritual nos conecta a uma rede infinita de sabedoria e conhecimento. E para nos ligarmos a ela, precisamos crescer; para amadurecermos, é necessário que nos desenvolvamos no conhecimento daquele que é cheio da sabedoria e do conhecimento: o próprio Deus!

Por isso, hoje entendo a razão de o apóstolo Paulo orar desejando que "sejamos cheios do conhecimento e da Inteligência Espiritual". Isso em nossos dias, para mim, seria estarmos cheios do conhecimento de Deus (palavras *Logos* e *Rhema*) e associado à vida prática, coerente com tais informações adquiridas.

Ao falar sobre Inteligência Espiritual, dr. Danilo Polanco usou o trecho de 2 Pedro 1.4-8 para elucidar:

> E, por causa de sua glória e excelência, ele nos deu grandes e preciosas promessas. São elas que **permitem a vocês participar da natureza divina** e escapar da corrupção do mundo causada pelos desejos humanos. Diante de tudo isso, esforcem-se ao máximo para corresponder a essas promessas.

---

[9] ENDO, Luiza Hayashi. **Lapidados à imagem e semelhança de Jesus**. Campinas: CNP, 2015.

Acrescentem à **fé** a **excelência moral**; à excelência moral o **conhecimento**; ao conhecimento o **domínio próprio**; ao domínio próprio a **perseverança**; à perseverança a **devoção a Deus**; à devoção a Deus a **fraternidade**; e à fraternidade o **amor**. Quanto mais crescerem nessas coisas, mais produtivos e úteis serão no conhecimento completo de nosso Senhor Jesus Cristo. (grifo da autora)

O apóstolo Pedro diz "esforcem-se ao máximo" em se apossar das grandíssimas e preciosas promessas que estão na Palavra de Deus para sermos participantes da natureza divina. Na figura a seguir, podemos visualizar melhor essa afirmação:

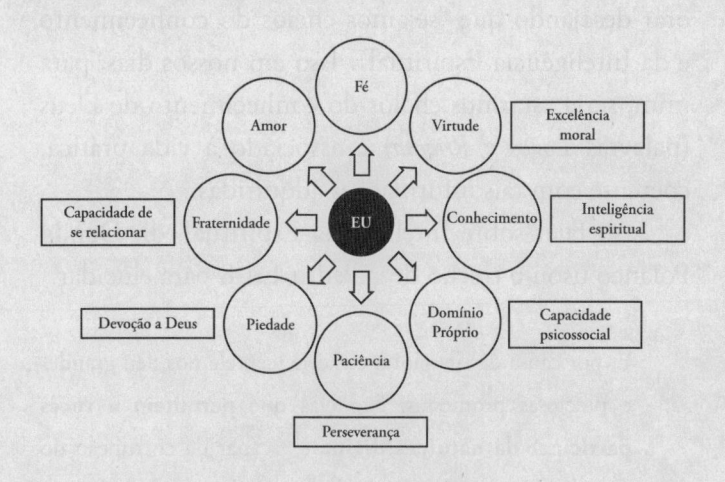

```
                        Fé
         Amor                  Virtude      Excelência
                                              moral
Capacidade de                              Inteligência
se relacionar   Fraternidade    EU   Conhecimento   espiritual

Devoção a Deus   Piedade              Domínio    Capacidade
                                      Próprio    psicossocial
                        Paciência
                       Perseverança
```

Gráfico realizado no curso "La inteligencia espiritual em el desarrollo sicosocial", do dr. Danilo Polanco.

Diante desse versículo e da figura acima exposta foi que pude compreender que a fé em Deus Pai, Filho e Espírito Santo, com o conhecimento íntimo destas três pessoas, é o início de tudo. E, para isso, precisamos da Inteligência Espiritual adquirida pelo estudo da Bíblia com fidelidade, das revelações dadas pelo Espírito Santo, na intimidade com a Trindade.

Ao caminhar nesse círculo, feito com os itens dos versículos 5 e 6 de 2 Pedro 1, podemos entender o que Gardner disse: o QS engloba o QI e o QE. Porém, não se trata de um círculo engessado. Às vezes, estamos ganhando conhecimento, isto é, crescendo na Inteligência Espiritual (QS) e, ao mesmo tempo, podemos nos desenvolver em fé ou em qualquer outro item do círculo.

Começamos pela fé, que é um dom de Deus: não decidimos crer por nós mesmos, mas, à medida que estudamos com afinco e com muita fome a palavra de Deus, adquirimos excelência moral. Porém, a fé pode crescer com a perseverança ou com a paciência, assim como produzir domínio próprio, que faz parte do fruto do Espírito Santo.

> Meus irmãos, considerem motivo de grande alegria sempre que passarem por qualquer tipo de provação, pois sabem que, quando sua **fé é provada, a perseverança tem a oportunidade de crescer**. E é necessário que ela cresça, pois **quando estiver plenamente desenvolvida vocês serão**

maduros e completos, sem que nada lhes falte. (Tiago 1.2-4 – grifo da autora)

Se perseveramos, cresce nossa devoção a Deus (piedade); o autodomínio aumenta quando somos testados de várias formas; trocamos a ansiedade pela paz, que gera saúde nos relacionamentos; e, com isso, a fraternidade se torna madura e equilibrada. A partir desse ponto, avançamos para poder nos revestir totalmente de Cristo e de sua natureza, que é amor.

E como vimos no começo deste livro, na obra Como compreender as pessoas, segundo Larry Crabb:

> Se o fracasso em aceitar Deus como aquele que satisfaz os anseios profundos está por trás de toda a aflição pessoal e se o pecado está na raiz de tudo que nos impede de aceitar a Deus, então o arrependimento, que é dar costas ao pecado, deve ser central na nossa compreensão de como a mudança ocorre.

E ele continua:

> É mediante o arrependimento profundo – abandonar os estilos manipuladores de relacionamento em favor do envolvimento arriscado com os outros que Deus é desfrutado e as pessoas são amadas. [...] O arrependimento dá início ao processo de preenchimento dos nossos círculos racionais e, finalmente, nossos círculos pessoais.[10]

---

[10] CRABB, 1998. Citado anteriormente no capítulo 3.

Se entendermos o que o apóstolo Pedro disse em sua carta e colocarmos os elementos do círculo em nosso cotidiano, como fez dr. Danilo, conseguiremos entender que a Inteligência Espiritual realmente nos conduz à semelhança de Jesus.

Tendo isso em mente, me recordo que até pouco tempo atrás passei por uma situação em que uma ferida de rejeição, que eu considerava curada, voltou a me atormentar. Lembre-se: a ferida **tinha sido** curada. Porém, esse sentimento se encontra em uma região da alma vulnerável e muito conhecida por Satanás. E ele é especialista em tentar fazer você regredir, se não perceber a sutileza dele. Naquele momento, quando percebi que novamente essa ferida tinha aparecido, minha primeira reação foi a de fuga e proteção. Pensei em mudar de cidade, de achar outra coisa para fazer e até mesmo deixar de aconselhar ou ajudar as pessoas.

Sei que não foi por acaso que peguei novamente o livro *Como compreender as pessoas*, em que Larry Crabb expõe essa reação de proteção como pecado, pois isso revela o desejo de termos o controle de nossa própria vida e de sermos independentes de Deus. Era dessa forma que eu estava agindo: fora do padrão do Senhor, falhando nos relacionamentos, no perdão e/ou na fraternidade.

Quando me dei conta do ocorrido, rapidamente, confessei meu pecado, procurei orar, buscar o autodomínio, entregar a situação a Deus e não me escorar em minhas próprias soluções. Para tal, precisei renovar os pensamentos, perseverar na meditação focada em Deus, para só então eliminar os pensamentos viciosos.

Portanto, a Inteligência Espiritual vem por meio do conhecimento profundo de Deus Pai, Filho e Espírito Santo, meditando com qualidade nas palavras da Verdade, relacionando-se com intimidade e liberdade com Eles. O Espírito Santo, nosso *Parákletos* e conselheiro particular, nos ajuda a produzir seu fruto (Gálatas 5.22) e, assim, vamos sendo transformados à semelhança de Jesus.

Entendi que a Inteligência Espiritual, baseada na segunda carta de Pedro, me dá condições de amadurecer para ser como Jesus Cristo. Ele já me deu grandes e preciosas promessas que me fazem participar de Sua natureza divina e, então, poder viver na Terra como Ele viveu. O Filho de Deus soube transitar entre temperamentos e distorções, tudo por amor às pessoas. Quando sou curada e liberta tenho autoridade para fazer o mesmo com os outros, sendo assertiva e pertinente como Jesus foi em qualquer de seus relacionamentos. Sendo assim, podemos viver nas regiões celestiais, juntamente com Cristo, e, ao mesmo tempo, Cristo vivendo em nós. Em outras palavras, o Céu se faz presente aqui na Terra por meio de minhas ações com alto QS.

Encerro o capítulo reforçando a necessidade de irmos além de nossa inteligência racional e abraçarmos as inteligências emocional e espiritual. Lembrando-se de que a oração do apóstolo Paulo tem tudo a ver com o que está escrito nos livros de Provérbios e Oseias:

> Ah, como precisamos conhecer o Senhor; busquemos conhecê-lo! Ele nos responderá, tão certo como chega o amanhecer ou vêm as chuvas da primavera. (Oseias 6.3)

> O caminho dos justos é como a primeira luz do amanhecer, que brilha cada vez mais até o dia pleno clarear. (Provérbios 4.18)

Capítulo 8

Minhas experiências e o café terapêutico

Desde que escrevi meu segundo livro, *Fontes que nascem no deserto*[1], em 2013, e meu quarto livro, *Não andeis ansiosos... Como?!*[2], em 2017, não escrevi muita coisa para deixar de memorial aos que virão após mim, quer sejam minhas filhas, genros e netos; ou meus amigos, conhecidos e todos os que, de uma forma ou de outra, terão oportunidade de conhecer as coisas que Deus faz.

Posso dizer que, ao longo destes anos, tomei muitos cafés, sendo a maioria deles terapêuticos tanto para mim como para os outros, a quem pude servir de instrumento de ânimo e esperança, pois sempre havia muita coisa acontecendo na minha vida.

Para começar, tive de aproveitar alguns cafés, dentro e fora de casa, com meu genro Renato e minha filha Priscila, para tirar dúvidas e crescer na compreensão do que Deus estava fazendo atualmente. O Espírito estava se movendo para uma direção e eu precisava entrar nessa nuvem. Eu brincava dizendo: "Preciso pegar esse bonde, mesmo que ele esteja andando, para não perder". Algumas vezes, eu falava: "Na verdade, eu queria pegar o bonde andando e ainda sentar na janelinha para vislumbrar toda a paisagem!".

Esse foi o tempo em que eu ouvia muito as palavras de meu sobrinho, pr. Teófilo Hayashi, procurando

---

[1] ENDO, Luiza Hayashi. **Fontes que nascem no deserto**: fazendo uma terapia com Deus. Campinas: CNP, 2013.
[2] ENDO, Luiza Hayashi. **Não andeis ansiosos... Como?!**. Santa Bárbara d'Oeste: Editora Z3, 2017.

entender o que Deus estava realizando nestes dias. Eu entendi que nós, os mais velhos, vivemos diferentes fases dos moveres do Espírito Santo e acabamos nos conformando com a mesma direção. Um exemplo em que pude compreender melhor essa questão foi o que vivi durante minha infância, e até boa parte da juventude, frequentando uma igreja mais tradicional. Eu e os demais membros estávamos acostumados com cultos mais calmos, digamos assim. Por ser uma igreja japonesa, a cultura era mais reservada do que se comparada a outras daquela época. Sem muitos risos, palmas, danças e grandes manifestações.

Entretanto, em 1974, eu e outros jovens fomos batizados no Espírito Santo. Naquele tempo eu estava grávida da minha primeira filha, a Priscila. Lembro-me de que nem consegui dormir naquela noite, tal minha alegria interior. Então, a partir daquele momento, tudo mudou, tudo era novo. Passamos a falar em línguas e a ser movidos pelos dons. Também batíamos palmas, levantávamos nossas mãos, dançávamos e cantávamos no Espírito. Todos, de forma genuína e espontânea, saímos do tradicional órgão para o teclado, do violão para a guitarra. Deixamos os hinos para cantar músicas compostas por pessoas apaixonadas por Jesus.

Recordo-me de que quando começamos mudar nossa visão, tentamos introduzir a bateria na igreja, e muitos diziam que nossas mudanças eram profanas. Os membros mais velhos foram falar com meu pai, que era o pastor, sobre o comportamento dos jovens.

Mas era esse nível de intimidade com o Senhor que eu necessitava, pois, mesmo depois de ter entregue minha vida para Jesus, durante muito tempo, eu ainda vivia sentindo muita insegurança, tinha muitos complexos, medos, sentimento de inadequação e incapacidade, sem perspectivas quanto ao meu futuro.

Assim, eu quis saber tudo sobre esse mover do Espírito Santo. Fui tirar dúvidas com minha irmã, que já estava, havia algum tempo, caminhando com Ele. Foi então que comecei uma fase nova na minha vida. Naquela época, eu necessitava de cura na minha alma e, ao experimentar esse novo mover de Deus, recebi refrigério, algo impressionante e inegável.

Diante de tudo o que estava acontecendo, algumas pessoas da igreja diziam que isso era uma heresia: "Se Jesus Cristo morreu na cruz por nós e disse que quando estamos n'Ele somos nova criatura, por que inventar essa coisa estranha?". Então comecei a ler a Bíblia com mais atenção e rigor, procurando aprender sobre cura da alma e libertação de heranças, e foi assim que escrevi meu primeiro livro: *Deus faz infinitamente mais*[3], em 2008. Anos depois, me alegra saber que, agora, a cura da alma é um assunto aceito dentro das comunidades cristãs.

Recentemente, passei a ouvir que muitas denominações estavam buscando algo mais em Deus,

---

[3] ENDO, Luiza Hayashi. **Deus faz infinitamente mais**. Santa Bárbara d'Oeste: Editora Z3, 2008.

o que, em princípio, a mim parecia estranho. Falava-se muito em "trazer o Céu à Terra". E, junto disso, também notei que essas mesmas pessoas cantavam a música *Pai nosso*[4] com o refrão "Que venham os céus; que venham os céus". Ficava me indagando: "Agora o Espírito de Deus está se movendo no sentido de trazer os Céus à Terra?". Eu perguntava aos mais novos o que isso significava na prática cristã. Então, aprendi que antes vivíamos a fase em que nós íamos à igreja para crescer, sermos fiéis e nos santificar até Jesus voltar. Assim como também saíamos para ganhar pessoas para Cristo e ter uma vida santa para irmos ao Céu. Mas o que havia mudado? O que significava trazer o Céu à Terra?

Confesso que levou um tempo para entender, assimilar e incorporar isso na minha vida com Deus. Então, para que isso fizesse mais sentido ainda, fui atrás de muitos livros do Bill Johnson, a começar por *O poder sobrenatural de uma mente transformada*[5]. Assim, entendi que eu deveria atuar onde estou como embaixadora de um outro mundo, vivendo em uma atmosfera de fé, que é a mesma do Espírito Santo. Este é o Seu Reino, o qual devemos trazer à Terra.

Assim como Jesus disse em Lucas 10.9: "Curem os enfermos e digam-lhes: 'Agora o reino de Deus chegou

---

[4] Trecho traduzido da música **Our Father**, da Bethel Music, lançada em 2012.
[5] JOHNSON, Bill. **O poder sobrenatural de uma mente transformada**: acesso a uma vida de milagres. Brasília: Chara, 2018.

até vocês'", eu notei que minha adoração, anos atrás, passou por uma mudança drástica, o que causou um choque para muitos daquela época. Hoje, a revelação de cura e outros diversos milagres estão passando pela mesma trajetória de mudança de mentalidade. Uma vez que, quando nossa mente for renovada e a cura fizer parte da realidade prática e normal da vida cristã, então, traremos os Céus à Terra.

Por isso que Bill Johnson também diz no livro aqui citado:

> A revelação da cura está numa trajetória semelhante. Cristãos são absolutamente responsáveis em trazer a cura divina para as pessoas, "provando a vontade de Deus", colocando a realidade terrena de acordo com a verdade nos céus. Deus colocou isto em seu livro, Ele ilustrou na vida de Jesus. Ele nos disse para seguirmos o exemplo do que Jesus fez.

E acrescenta também:

> Deus é bom e o que Ele mandou é que orássemos pedindo que a vontade dele fosse feita "assim na Terra como é no Céu".

Por causa dessas afirmações e dos novos pensamentos que surgiam quando comecei a entender essas verdades do mover de Deus para nossos dias, eu passei a compartilhar essas revelações nos meus cafés com as pessoas, além de outros assuntos. Conforme fazia isso, minha mente começou a se abrir para uma maior compreensão. Percebi que precisava adentrar nesse novo mover de trazer os Céus à Terra, crendo no poder que há no nome de Jesus Cristo, tendo ousadia para orar pelas pessoas.

Com isso em mente, às vezes, ao passar pelo caixa da padaria para pagar o café e, percebendo que a funcionária estava com o semblante triste, eu lhe perguntava o motivo. Ao ouvir que estava com dor de cabeça, na mesma hora, com ousadia e fé, orava por cura. Assim, aprendi que só não vê os milagres acontecerem quem não ousa experimentar. E se acontecer de a pessoa não ser curada, continuo agindo em fé, pois estou aprendendo a trazer o Céu à Terra.

Com o passar do tempo, isso se tornou um costume, algo que passou a fazer parte da minha vida. Tanto que, mesmo com a correria do dia a dia, consigo achar um tempo para orar por alguém. Um exemplo disso é a feira em que costumo ir aos domingos bem cedo. Sempre vou em uma banca para comprar verduras, cuja dona é cristã. Ela sabe que faço as compras o mais rápido possível para conseguir ir à igreja. Entretanto, apesar dessa correria, sempre que ela precisou de uma oração, eu parei tudo e orei por sua vida. Aprendi a não ligar para os que estão ao redor ou para suas queixas. O mais importante é aquela pessoa receber algo a mais de Deus.

Essas atitudes me levaram a ser mais ousada. No final de 2017, recebi um convite de um docente do Departamento de Otorrinolaringologia da Unicamp para assistir ao concurso que ele, um dos meus alunos como médico residente, prestaria para ser Professor Titular. Embora já aposentada, senti que deveria ir ao concurso por consideração a ele que, no ano anterior, como chefe daquele departamento, fizera um jantar em minha homenagem na Sociedade Hípica de Campinas (um milagre de Deus).

Cheguei um pouco atrasada ao concurso, e ele já estava iniciando a apresentação de seu trabalho de pesquisa, diante da banca examinadora. Após a apresentação fizeram um intervalo para o café. Ao final, haveria a arguição pelos professores da banca.

Entre os professores, estava uma colega, docente e chefe do departamento da mesma área que a minha, na USP de Ribeirão Preto. Sempre fomos muito amigas e, por isso, pude falar muito sobre uma vida nova com Jesus, pois, naquela ocasião, ela passava por muitos problemas. Nossos encontros eram frequentes, uma vez que atuávamos na mesma área, otorrinolaringologia pediátrica. E no intervalo do café, essa amiga me encontrou e me contou que comera algo na noite anterior que lhe fizera mal, que tivera vômitos e que, naquele momento, estava com diarreia. Ela estava pálida e com tremores. Então, imediatamente disse: "Vamos em um canto que vou orar por você, pois eu creio que Jesus vai te curar", e oramos.

Após isso, entramos para assistir à arguição da banca. Ela foi a primeira a fazer os comentários e tirar dúvidas. Fez isso de forma tão detalhada e demorada que pensei que a diarreia devia ter cessado. Ela falou por um longo tempo, porém, como foi ficando tarde, eu decidi voltar para casa, sem esperar pelo resultado. Afinal, eu tinha certeza de que meu colega seria aprovado e com louvor.

Algum tempo depois, naquele mesmo ano, recebi um convite da Associação Brasileira de Otorrinolaringologia e Cirurgia Cérvico-Facial para ser homenageada pela minha atuação e contribuição na área de otorrinolaringologia pediátrica ao longo da minha vida como docente. Esse era mais um milagre do Senhor. Quem presidia a associação era exatamente aquela minha amiga, e foi no final de sua gestão que decidiram me homenagear. O evento aconteceria na cerimônia de abertura do congresso brasileiro da especialidade a ser realizado em Florianópolis.

Eu estava muito curiosa para saber se ela tinha melhorado da diarreia naquele dia do concurso e, tão logo que a vi, perguntei: "Naquele dia, você melhorou?". Ela me respondeu: "Foi como tirar com a mão! Fiquei boa, não tive mais nada até o final da arguição e ainda almocei com o pessoal!". E em seguida acrescentou: "Estou muito nervosa, preciso presidir essa abertura, você pode orar por mim?". Estávamos rodeadas por vários colegas da especialidade, mas orei por ela em voz audível, pedindo a Deus que trocasse o nervosismo e a tensão por paz e segurança na vida dela e na condução do evento, e muitos presenciaram essa cena.

Ao final da cerimônia de abertura, no momento do coquetel, em meio a tantas pessoas, ela disse: "Eu também estava com uma enxaqueca forte, mas, depois que você orou por mim, passou, e eu pude conduzir toda a cerimônia com paz. Você não pode nos deixar. Como vou ter alguém para estar comigo nessas ocasiões difíceis?". Apesar de ficar feliz em saber que ela havia sido curada, respondi que quem realizou aquelas curas foi Jesus, e que ela deveria depender unicamente d'Ele.

Com essas experiências, estou vendo o Reino de Deus chegar à Terra mesmo sem usar o "evangeliquês" que costumava aplicar. Esses testemunhos me empolgam, e gosto de contá-los durante meus cafés.

Uma outra coisa que aprendi nestes últimos tempos foi que Deus faz coisas inimagináveis. Vejo muito isso no projeto que criei: "Você pode ser melhor". Sempre que vejo alguma situação em que as pessoas estão fazendo algo de qualquer jeito ou destratando quem está em volta, penso sempre na seguinte frase: "podia ser melhor". Isso se deve à minha característica de ser observadora. Estou sempre notando o comportamento alheio ou a disposição dos objetos nas lojas.

Algo que não consigo deixar passar despercebido, de jeito algum, é quando as pessoas são mal-educadas com as outras. Essas situações costumam acontecer quando vou passar no caixa do supermercado, por exemplo. Tenho o hábito de cumprimentar, tentar puxar uma conversa, perguntar sobre o dia ou algo nesse sentido. Entretanto, quando vejo que não fui respondida ou recebi uma resposta ríspida, penso em como aquela pessoa podia ter feito melhor. Já presenciei também uma filha com sua mãe, já idosa, no aeroporto, dizendo que cada uma levaria sua bagagem, faltando com respeito, sem gentileza alguma.

Situações como essas me traziam à mente a expressão "podia ser melhor", me fazendo pensar muito em como poderia ajudar as pessoas a melhorarem em tudo. Principalmente, quando me mudei para um bairro novo em Campinas, no ano de 2009. Fiquei provisoriamente em um apartamento perto do local onde estavam construindo o nosso lar definitivo. Nesse bairro, havia um supermercado de nome bem conhecido. Após as compras, resolvi sentar-me para tomar um café. Precisava conhecer como era o café de lá, para eventuais futuros encontros terapêuticos. Fiquei muito tempo aguardando ser atendida, pois a mesma pessoa que trabalhava no balcão de café também vendia os pães e outros produtos da padaria. Então, começou a formar-se uma fila atrás de mim. Por notar isso, quase a chamei para avisar que os clientes do café estavam à sua espera. Demorou, mas ela chegou para nos servir, no entanto, enquanto ela nos atendia, já começava a aumentar novamente a fila dos clientes da padaria. Eu, como sempre, pensei: "podia ser melhor!".

Para não ser uma pessoa que fica passiva diante dessas circunstâncias, resolvi conversar com a gerente, não para reclamar, mas, sim, para expor o que observava na rotina daquele café e padaria. Na conversa, disse a ela que me dispunha a ajudá-los a melhorar. Ela me contou que os funcionários eram contratados na ordem de aprovação nas entrevistas, e que não havia um estudo do perfil de cada um deles para serem alocados de acordo com suas qualificações. Assim, muitas vezes, eram direcionados conforme as necessidades, seja no caixa, na reposição de produtos ou no estoque. Então, me dispus a auxiliar na otimização do atendimento, lidando com os funcionários. Ela me contou que a loja já fazia mensalmente uma reunião de algumas mulheres, clientes, com a finalidade de ouvir críticas e sugestões sobre a dinâmica das compras, como ordenar os produtos nas prateleiras, visando a facilidade de identificação e acesso, os tipos de produtos para serem disponibilizados, entre outros assuntos. Então, me convidou a participar dessas reuniões. Porém, eu lhe disse que minha preocupação não estava focada naquilo, mas agradeci e pedi para me avisar quando fosse o próximo encontro. A gerente também me pediu para lhe enviar meu projeto, porém eu ainda não tinha nada por escrito. Estava tudo na minha cabeça, sem uma clara definição, a não ser meu gosto por ajudar pessoas e melhorar as situações. Então, marcamos de conversar em outro dia, porém, quando fui lá no dia marcado, soube que ela havia sido transferida para outra filial. O que foi ruim, mas, ao menos, eu tentei fazer algo em meio àquela situação.

    Nessa mesma época, fiz alguns cursos de temperamentos com o dr. Danilo Polanco: "Deus, o homem e os cinco temperamentos"; "Os temperamentos e as crianças" e "Temperamentos e o casamento". Cada módulo tinha duração de uma semana, durante o dia todo. Ao finalizar, o Dr. Danilo me disse que, como médica, poderia fazer 200 horas de atendimentos, aplicando o teste de temperamento sob a orientação dele, via Skype, para obter o título de Terapeuta Baseada em Temperamentos. Então fiz isso. Levei os resultados dos casos para ele em Orlando, nos Estados Unidos, onde é professor da Florida Christian University e diretor clínico da Alpha Christian Counseling Services of Central Florida. Após a sua avaliação, recebi o título. Até hoje tenho o compromisso de fazer anualmente os cursos dados por ele a fim de me reciclar.

    Contudo, não deixei que todo o conteúdo aprendido ficasse apenas nesse curso. Em 2013, veio uma senhora jovem ao meu consultório com crise de tonturas, popularmente chamada de labirintite. Colhi a história da doença, fiz os exames clínicos habituais para o diagnóstico de alterações do labirinto e pedi exames otoneurológicos – testes mais específicos para avaliar as condições do labirinto –, os quais ajudam a definir a causa da doença. Os resultados mostraram que tudo estava normal e que ela poderia então tratar-se de um Distúrbio Neurovegetativo (DNV). Calmamente, perguntei-lhe se havia algum outro problema afligindo-a, e foi quando ela se pôs a chorar e a contar os problemas pelos quais ela e a família estavam passando. Não havia contado a ninguém a não ser para uma pessoa mais próxima. Falei sobre como Jesus poderia ajudá-la nessa situação e que gostaria de conversar sobre isso em outro momento, devagar e com mais tempo. Perguntei se o esposo aceitaria esse tipo de conversa, e ela me disse: "Meu esposo é muito simpático e aberto para estas coisas (espirituais) e não irá se opor". Assim, convidei-os a vir à minha casa para conversar sobre o problema em questão e sobre a pessoa de Cristo.

Lembro-me de que, quando eles foram à minha casa, aquela senhora se mostrava mais confiante e esperançosa, porém seu marido estava muito desconfiado. Sentamo-nos à mesa da minha sala, comecei a falar do problema do labirinto dela e de como algumas situações difíceis poderiam afetar o labirinto como órgão de choque. Contei a ele que soube do problema que estavam enfrentando e o modo que eu tinha certeza de que iria ajudá-los era lhes apresentando a pessoa de Jesus. Não me lembro exatamente de como fluiu nossa conversa, a não ser que foi dirigida pelo Espírito Santo e que, naquela mesma noite, eles estavam chorando e entregando a vida, o futuro, a família e tudo o mais para Cristo.

Deus não faz nada por acaso! A família toda, até hoje, permanece firme e ocupa posição de liderança na nossa igreja local. Soube também que ela era supervisora de uma loja de departamentos do *Shopping* Iguatemi de Campinas. Então, mais do que depressa, falei com ela sobre meu projeto "Você pode ser melhor", e disse que minha vontade era a de ajudar pessoas a serem melhores no atendimento e em sua vida pessoal. É claro que ela me pediu um projeto para ser apresentado ao gerente dela a fim de que fosse avaliado.

Em síntese, montei um projeto pensando no relacionamento interpessoal, seja com colegas de trabalho, clientes ou com seus superiores; na postura; no modo de falar, além de outros pontos comportamentais. As ideias começaram a brotar, coloquei-as no papel e entreguei a ela. Após uma palestra curta, dispus-me também a tirar um tempo para conversar com os funcionários que chegassem à loja com algum tipo de peso, preocupação ou problema, dando espaço para se abrirem e terem com quem contar. O projeto foi aceito e comecei a colocá-lo em prática. Deus tem o tempo certo para cada coisa! Agora eu já tinha um certificado de formação em Terapia Baseada em Temperamentos no meu currículo.

A supervisora sugeriu que poderia ser usado o tempo livre, de cerca de 15 minutos, que os funcionários tinham antes do início do turno da manhã e da tarde para aplicarmos o projeto. Então, uma vez por semana, às vezes, duas, colocávamos em prática o "Você pode ser melhor". Já era um bom começo.

Conforme fui sendo usada por Deus para acrescentar na vida dos outros, passei a enxergar a necessidade de mudar minha própria visão sobre as coisas. Eu fui criada dentro dos princípios cristãos e sempre mantive minha rigidez, que é comum no nosso meio. Então, pensamentos como "onde você for, deve pregar a palavra de Deus. Se não for para isso, não se envolva com nada, pois se envolverá com o mundo" apareciam com frequência. Mas, aos poucos, fui percebendo que não era exatamente dessa forma que deveríamos viver e pensar.

Passei a buscar mais sobre o Reino de Deus e, recentemente, eu ouvi falar sobre os sete montes. Li o livro *Venha o teu Reino sobre os sete montes*[6], em que o autor aborda cada uma dessas esferas em específico: da família, dos negócios, das igrejas, do governo, da educação, da mídia e comunicação e das artes e entretenimento. Ele afirma: "Quem ocupa o topo de cada monte tem poder e autoridade de abrir e fechar portais de influência e dominação no mundo invisível. Podem ser pessoas das trevas ou da luz, dependendo de quem ocupa o topo e a quem elas servem". Esse é o mover do Espírito Santo nestes dias, em que Seu povo deve buscar excelência para ocupar os lugares altos, dos

---

[6] CURI, Welton Nahás. **Venha o teu Reino sobre os sete montes**. São Paulo: Imprensa da Fé, 2015.

quais Satanás se apossou por causa da nossa passividade e religiosidade. Para sermos luz e brilhar, precisamos ocupar esses lugares altos.

Com essa visão em minha mente perguntei, ao Senhor: "Como farei para ser influência lá na loja?". Ele me respondeu que eu deveria apenas amar as pessoas. Com isso, comecei, aos poucos, uma vez por semana, indo pela manhã e à tarde, assim conseguia prestar auxílio para os funcionários dos dois turnos. Durante meu tempo lá, Deus foi me dando as estratégias para conseguir falar tudo o que precisava em 15 minutos. E assim como Ele havia me orientado, iniciei falando sobre o amor. Falei dos conceitos atuais de amor, dando exemplos de como as pessoas banalizaram essa palavra, usando-a de várias formas, como "amo chocolate", "fiz amor com meu namorado", "chamo meu esposo(a) de amor" – mesmo durante uma briga ou xingando-o –, "amo jogar bola" e assim por diante. E perguntava a eles qual seria o conceito verdadeiro sobre o amor.

No primeiro dia, dei um bombom chamado "Serenata de Amor" e pedi para comerem e me dizerem quais eram seus ingredientes. Eles responderam que havia chocolate, açúcar, amendoim, conservante e pararam por aí. Eu já tinha lido e anotado em um papel sobre os ingredientes e li para eles. Eram vários. Com isso, me utilizei desse exemplo para lhes falar do amor e seus "ingredientes", citados pelo apóstolo Paulo em 1 Coríntios 13.4-7:

O amor é paciente e bondoso. O amor não é ciumento, nem presunçoso. Não é orgulhoso, nem grosseiro. Não exige que as coisas sejam à sua maneira. Não é irritável, nem rancoroso. Não se alegra com a injustiça, mas sim com a verdade. O amor nunca desiste, nunca perde a fé, sempre tem esperança e sempre se mantém firme.

Assim, falei sobre cada ingrediente do amor, começando pela paciência, e os desafiei a exercitá-la com os clientes, os colegas de trabalho e seus superiores. Dessa forma, fui tratando de cada item do amor, citado na primeira carta aos Coríntios, e, em cada ocasião, eles recebiam o bombom. "Preguei" a Palavra de forma naturalmente espiritual e espiritualmente natural.

Depois desse curto tempo, alguns funcionários me procuravam para conversar sobre problemas e situações pelos quais estavam passando, e quantas vezes pude orar com eles. Eu tinha até uma pequena sala disponível para isso. Vi milagres acontecerem, pois vinham me contar depois o resultado daquela conversa anterior.

Após o desafio de falar sobre o amor, lancei outro, que era para serem melhores no falar. Eu orava muito por eles e pedia direções de Deus, pois, para mim, tudo isso era novo, mas Ele foi me guiando e trazendo à minha mente o que deveria fazer.

Quando pensei na postura ao falar, além da breve palestra, usando Provérbios 25.11 (ACF), "Como maçãs de ouro em salvas de prata, assim é a palavra dita a seu tempo", decidi usar as "maçãzinhas da Mônica"

– um pacote de plástico com maçãs pequenas com embalagem da Turma da Mônica – para ilustrar tal passagem. Eu dava uma maçã para cada pessoa e, por fim, eles sabiam o versículo de cor de tanto que insisti nisso. A cada semana introduzia um aspecto novo sobre o falar. Em um dos dias falei sobre palavras bondosas, usei como base Provérbios 16.24, que diz: "Palavras bondosas são como mel: doces para a alma e saudáveis para o corpo". Desafiei-os a usarem palavras bondosas com seus colegas de trabalho, com seus clientes, mesmo que eles fossem intransigentes ou chatos.

Durante esse tempo, lembrei-me da infância em que eu gostava das balas recheadas de mel. Fui em busca delas e comprei também aqueles saquinhos de plástico quadradinhos contendo mel. Eu intercalava o saquinho de mel com as balas, assim, quando eu falava "mel" eles conseguiam assimilar com o que diz no versículo. Desse modo, passei a mensagem de que palavras bondosas faziam bem à saúde, tanto à nossa quanto à das outras pessoas.

Já em 2013, sob outras circunstâncias, fui novamente usada por Deus. Eu tinha acabado de receber um telefonema de uma amiga que trabalha na Unicamp dizendo-me que a universidade iria abrir um curso voltado para pessoas com mais de 50 anos, chamado Programa UniversIDADE, e que estavam convocando professores aposentados para dar aulas nesse novo curso. Fiquei pensando se deveria ou não aceitar, e sobre qual assunto daria as aulas. Imediatamente, pensei no projeto "Você pode ser melhor". Assim, montei o conteúdo para uma oficina (nome dado para cada curso), com o número de alunos, de aulas e o horário desejado. Propositalmente, coloquei apenas 15 alunos para ter melhor contato com eles. Era mais um desafio, afinal, nunca dera um curso com aulas de 60 minutos de duração, abordando os mesmos assuntos que eu dava em 15 minutos na loja do *Shopping* Iguatemi. Orei e perguntei a Deus: "Como darei essas aulas sendo sua luz, mas sem falar da Luz?". Deus sempre me dizia: "Apenas ame os alunos".

Então, foi assim que iniciei minha oficina "Você pode ser melhor" na Unicamp. Montava as aulas nos moldes de como havia feito naquela loja de departamentos, porém, mais detalhadas e constando de uma parte prática. Usei muitos dos itens contidos no meu terceiro livro *Lapidados à imagem e semelhança de Jesus*[7], em que falo sobre integridade, conhecer-se a si mesmo, como se relacionar com as pessoas, nossos cinco temperamentos, e heranças transgeracionais, tanto positivas quanto negativas. Além de outros assuntos que envolvem nosso processo de sermos lapidados, assim como um diamante, para que nos tornemos a imagem e semelhança de Cristo. Um outro assunto que também estudamos nesse curso foi sobre nossa linguagem e as posturas.

---

[7] ENDO, Luiza Hayashi. **Lapidados à imagem e semelhança de Jesus**. Campinas: CNP, 2017.

Após 60 minutos de aula, tínhamos 30 minutos de conversa franca sobre o assunto, e cada um expunha seus problemas e dificuldades. Cada dia, para mim, era um desafio. Eu entrava no estacionamento da Unicamp orando, pedindo amor e direção ao Espírito Santo para dar a aula. Lembrava sempre de que precisava apenas amá-los, e assim o fiz. No final do curso, os alunos pediram mais aulas, e decidi montar o módulo dois. Eles comentavam: "Nossas aulas parecem uma terapia de grupo!", e era isso mesmo que eu desejava.

Muitos dos meus alunos eram ex-funcionários, ex-professores aposentados e outros, vindos de cidades vizinhas. Percebi neles a carência de amor, de objetivo de vida, e a autoestima baixa por estarem inativos. Alguns passavam o dia na Unicamp, com direito à alimentação no "bandejão" (nome do refeitório), por exemplo. No Programa UniversIDADE, eles tinham acesso também às aulas sobre a saúde mental e o envelhecimento, como melhorar a memória, uso da informática, ginástica, dança, bordados, pinturas... Além disso, faziam novas amizades.

Na primeira turma em que dei aulas, fiz muitas amizades com os alunos. O interessante é que eles entravam no Facebook ou no Google para saber da minha vida acadêmica e de outras atividades, e me perguntavam: "Professora, a senhora escreveu livros? Onde posso comprar?". Eu ficava feliz, pois sabia que Deus falaria com eles através das leituras. Assim, eu os convidava para os lançamentos dos meus livros, tomava café com alguns deles e até pude compartilhar sobre minha vida e ouvir sobre a vida deles também.

Nunca me esqueço de um senhor que contou na classe sobre suas dificuldades em sua casa com os filhos, durante a aula de "Como relacionar-se com as pessoas". Após esse desabafo, todos demonstraram que queriam ajudá-lo. Um dia, após a aula, os colegas vieram para me dizer: "Professora, ajude-o, e se tiver de pagar uma consulta, nós faremos uma vaquinha e pagaremos". Eu lhes disse que havia pensado em falar com ele e que não precisavam pagar. Marquei um horário para conversar com ele no meu consultório, onde já estava atendendo apenas a Terapia Baseada em Temperamentos. Lá conversamos sobre seu problema, e ele pôde expor melhor o que estava acontecendo. Aproveitei para dar alguns conselhos, falar sobre Jesus e orar por sua vida. Aquele homem ficou muito grato, e, o melhor de tudo, é que realmente um milagre aconteceu em sua situação familiar. Um dia cruzei com ele na Unicamp, e ele me disse: "Doutora, nunca me esquecerei de seu cuidado e atenção dados a mim".

Muitas coisas gratificantes eu teria para contar desse tempo de aulas dadas na minha oficina. Já no módulo dois, eu decidi falar um pouco sobre amizade e como honrar pessoas recebendo-as bem. Senti que eles precisavam aprender a chamar as pessoas às suas casas para melhorar na hospitalidade, conversar olho no olho, sempre focando no título da oficina: "Você pode ser melhor". Nessa segunda edição, dei menos aulas, mas com uma novidade: com a autorização da coordenadora do curso, o encerramento foi feito na minha casa para ensinar como receber pessoas de forma prática.

Precisava introduzir essa aula prática com algum trecho bíblico, e o Espírito Santo me fez lembrar da visita que a rainha de Sabá fez a Salomão. Eles já sabiam um pouco sobre a pessoa do rei Salomão, pois usei muitos versículos do livro de Provérbios para ilustrar os vários assuntos. Contei como ela, uma rainha, viera de muito longe para ver o rei, e que se encantara com tudo o que vira. Desde a organização de seus oficiais, as vestes dos copeiros e serviçais da corte, os alojamentos dos servos, a arrumação da mesa, a comida que era servida, tudo perfeito e lindo. Sugeri que lessem o trecho com atenção.

Usei isso para dizer como é importante se deslocar e ir em busca do que é melhor. Falei sobre o conceito de honrar pessoas e fazer seu melhor, mesmo sem gastar muito dinheiro, mas com muito capricho e criatividade. Ensinei-os a fazer sucos e sanduíches, dei dicas de como fazer tudo para ser melhor e mais bonito. Graças a Deus, eles gostaram demais, e pude deixar alguns princípios de amor e consideração: honrar as pessoas como Jesus nos honra.

Nesse contexto, lembrei-me do que ouvi certa vez: "Deus não desperdiça nada!". Aprendi muita coisa indo aos banquetes e aos jantares dos congressos médicos, e também com minha família. Tenho irmãs que prezam por fazer tudo bonito e harmonioso. Assim, pude aplicar tudo isso nas minhas aulas. Confesso que, para mim, ainda é tudo muito novo! Estou aprendendo a sair da caixa da religiosidade para ser luz.

Quero deixar ainda algo recente que foi e tem sido mais uma experiência desafiadora. Em abril de 2018, fui a uma conferência em Brasília na qual Bill Johnson, da Bethel Church, seria um dos palestrantes. Ele é uma pessoa alegre e contou algumas anedotas antes de dar o recado do Senhor. Disse tudo o que precisava de forma simples e clara, e gostei demais. Uma das coisas que ficou na minha mente foi: Deus quer nos usar com tudo o que temos e somos. E a esse respeito, Bill Johnson afirmou durante a palestra: "Deus não desperdiça nada. Tudo o que Ele te deu: talentos, capacidade, habilidades, sua família, seu estudo, sua cidade, seu passado, tudo poderá ser utilizado".

Assim que acabou, saí do auditório um pouco decepcionada, pensando que esta visão de ocupar os lugares altos na sociedade seria para os da nova geração, e não era mais para mim, afinal, na minha idade, o que mais poderia fazer? Entretanto, apesar disso, eu disse a Jesus que ainda desejava poder servir a Ele, para trazer o Reino de Deus à Terra. Saí pensativa de lá e orei dizendo: "Deus, nessa idade em que eu estou, o que posso fazer para servi-lO?".

Minha filha, que também estava no evento, saiu um pouco antes do fim da palestra e me disse: "Vou buscar os livros que comprei e aguardo você lá fora". Logo que acabou, fui direto à livraria encontrar-me com ela, e a senhora que estava cuidando dos livros me viu e me disse: "Mas como você é elegante!". Na mesma hora, eu senti o Espírito Santo me dizer: "Use isso!". Saí daquele local disposta a orar sobre esse assunto.

Voltamos para casa e, no meu tempo com Deus, comecei a pedir que Ele me desse uma direção, caso fosse mesmo para usar isso. Eu sempre gostei de estar na moda, claro, sem exageros e extravagâncias. O interessante é que eu olho as coisas e logo percebo cores e modelos que vão entrar na moda e, quando posso, quero logo me ajustar a ela. Gosto de combinar cores, colocar algo a mais para ficar e "ser melhor"! Sempre me disseram que eu sabia me vestir bem, que era elegante, e me elogiavam. Como de costume, agradecia e respondia que, na verdade, eu sabia era fazer boas combinações. Mas depois daquela palestra, comecei a pensar sério a esse respeito e a orar sobre o assunto.

Até que, durante um culto de domingo da minha igreja, em meio à adoração intensa, estava de mãos levantadas e vi Deus me dando uma grande chave dourada. Então perguntei a Ele para que seria aquela chave, porém fiquei sem a resposta. Sendo assim, decidi tomar algumas atitudes e fui procurar um curso de *personal stylist*. Encontrei um na minha cidade e fiz minha matrícula. Falei para a professora que eu gostaria de ser uma *personal stylist* para a terceira idade, ou seja, para a melhor idade. Contudo, ela me disse que nunca ninguém a procurara para isso e nem saberia o que me ensinar de forma específica para essa faixa etária, mas que me ensinaria os conceitos básicos.

Logo nas primeiras aulas, já percebi que não era nada fácil. Porém, fui perseverante. Durante uma delas, essa professora me disse que eu precisava também ter ideias para reformar e modernizar as roupas, para aproveitar o que se tem. No mesmo instante, me veio uma lembrança da minha adolescência. Como eu vinha de uma família de oito filhos, não tínhamos muitos recursos, e ganhar roupa nova acontecia só na época do Natal. Fora dessa ocasião, só em caso de muita necessidade. Minha mãe tricotava e fazia as blusas de inverno para nós, porém as produzia em ordem de idade, e eu, por ser a sétima, ficava para o fim.

Quando via que minhas irmãs deixavam de usar algumas roupas, eu, então, as pedia para mim. Eu desmanchava as roupas para usar o tecido e fazia moldes com jornais, ajustando-as para meu tamanho. Assim, fui aprendendo a costurar. Fazia algumas coisas modernas, até recebia elogios. As ideias pipocavam, e eu ia reutilizando os tecidos.

Certa vez, minha irmã deixou um casaco de veludo azul marinho que desbotara, então, tive a ideia de fazer um blusão de inverno moderno. Já estava na faculdade e pedi dinheiro para minha mãe para comprar uma flanela xadrez, bem barata, e a forrei inteira por dentro. Coloquei uns emblemas de alguns países, costurei nas mangas, e ficou tão bonito que até meus colegas de classe gostaram e pediram que eu vendesse o blusão para eles.

Após essas lembranças, pensei mais uma vez: "Deus não desperdiça nada!". Durante esse curso, tive minhas aulas teóricas, e, no final, algumas aulas práticas. Estas incluíam ir às casas de pessoas que gostariam de separar as roupas e aproveitar melhor o que tinham para combiná--las; ou ir às lojas para ensinar a fazer boas combinações de peças antes de sair comprando sem pensar.

Pensei em fazer um projeto e encaminhar para o *Shopping* Iguatemi. E como nada acontece por acaso, lembrei-me de uma moça que trabalhava no departamento de *marketing*, e consegui que ela marcasse um tempo para ouvir o que eu gostaria de fazer.

Então, nessa reunião, contei que queria oferecer uma consultoria de imagem para pessoas de classe média que não tinham acesso a esse tipo de coisa. Sugeri um dia na semana, em que as lojas poderiam dar 10% de desconto para as pessoas maiores de 50 anos, usando o horário mais vazio do *shopping*. Depois, por sugestão dela, ir a um espaço de café e fazer uma palestra sobre "Você pode ser melhor", parecida com as que fazia na Unicamp.

Queria muito trabalhar com a autoestima das pessoas dessa faixa de idade. Então fiz *coaching* com uma amiga, e ela me ajudou a montar um projeto bem detalhado. Neste momento, estou na fase de aguardar a resposta do *shopping*. Se der certo e as portas se abrirem, terei oportunidade de trabalhar com pessoas amando-as e ensinando, de forma prática, o quanto Deus as ama.

Por fim, com tudo isso que escrevi, quero encorajar você a ser ousado e a pedir por oportunidades a Deus para que seja mais usado por Ele em todos os ambientes em que estiver. Ore sobre o assunto, tome atitudes práticas e parta para a ação!

Capítulo 9

Jesus, a melhor companhia para o café terapêutico

Disseram um ao outro: "Não ardia o nosso coração quando ele falava conosco no caminho e nos explicava as Escrituras?".
(Lucas 24.32)

O trecho acima fala de dois discípulos de Jesus andando pelo caminho, rumo à uma cidade chamada Emaús, a dez quilômetros de Jerusalém. No texto, vemos que eles conversavam a respeito de todas as coisas que haviam acontecido (crucificação e morte de Jesus), quando O próprio se aproximou e começou a andar junto a eles. O versículo 16 diz: "Os olhos deles, porém, estavam como que impedidos de reconhecê-lo".

Com certeza, meus olhos também estiveram impedidos de vê-lO por muitos anos. Eu ficava intrigada quando as pessoas contavam experiências vivas de ouvir Jesus falando com elas e me esforçava para alcançar este nível de relacionamento com Deus. Por isso, não vejo necessidade em dizer que a melhor pessoa com quem devemos manter uma conexão terapêutica é Jesus. Porém, para mim, isso só se tornou uma realidade à medida que fui crescendo no conhecimento de Sua palavra e desenvolvendo um relacionamento de intimidade com a Trindade. Felizmente, aos poucos e com fome por mais do Senhor, tenho experimentado mudanças nessa área.

Lembro-me de que alguns livros da Bíblia, principalmente os do Velho Testamento, eram muito difíceis para ler e extrair deles algum ensinamento prático. Assim, muitas vezes eu já começava a ler com certo preconceito. Recentemente, na minha leitura diária, seguindo um esquema de leitura bíblica anual, estava na história dos profetas maiores. O livro de Isaías é um dos meus prediletos, aquele que não me canso de ler. No dia em que iniciei o de Ezequiel, comentei com meu esposo: "Acho difícil ler Ezequiel". Porém, orei e pedi ao Espírito Santo que me ajudasse a ler de forma que houvesse proveito prático para o meu viver.

Já li esse livro muitas vezes, conhecia seu conteúdo, em que Ezequiel revela as muitas visões que teve sobre a glória de Deus. Então decidi começar a leitura expressando a Jesus meu desejo de ver mais da Sua glória. É incrível perceber quantas coisas o Senhor tem me falado por meio desse livro. Com certeza, nas leituras anteriores meus olhos estavam impedidos de reconhecer tantas verdades ali reveladas.

Uma dessas que pude enxergar com outros olhos e me ajudou na prática foi a leitura da seguinte passagem de Ezequiel 1.5-8:

> Do centro da nuvem surgiram quatro seres vivos de aparência humana, porém cada um tinha quatro rostos e quatro asas. Suas pernas eram retas, e seus pés tinham cascos como os de bezerro e brilhavam como bronze polido. **Debaixo de cada uma das quatro asas, vi mãos humanas**. Assim, cada um dos quatro seres tinha quatro rostos e quatro asas.
> (grifo da autora)

Na ocasião, eu estava com uma grande dificuldade para cumprir vários compromissos assumidos. Eu estava contando com um tempo muito escasso e achava que o que precisaria fazer era humanamente impossível. Sendo assim, em um dia, acordei cedo, fui preparar o café da manhã e, no meio dos afazeres, eu me lembrei dos anjos ministradores que Deus nos coloca à disposição. Então, me lembrei também das mãos humanas debaixo das asas que havia lido naquela semana e disse ao Pai: "Envia anjos com essas mãos humanas para me ajudar". Subitamente, um milagre aconteceu. Naquele dia consegui fazer todas as coisas de um modo tão rápido que pensei em como tinha conseguido. Depois, tive a certeza de que foram os anjos e suas mãos, em resposta à minha oração, de acordo com Sua Palavra. É lindo ver como Deus age!

Porém, na verdade, o Senhor estava falando comigo, mas até aquele dia eu não havia percebido nem experimentado do poder daquela leitura. Um poder terapêutico que me deu paz e descanso. Hoje, compreendo que Jesus, através do Espírito Santo, quer ter esse tempo terapêutico e particular para cada situação que vivenciamos.

Pensando sobre o tema deste capítulo, me veio à mente dois exemplos relatados nos evangelhos. Primeiro, o encontro de Jesus com Zaqueu, e segundo, Seu relacionamento com Marta, Maria e Lázaro.

Jesus e Zaqueu

Na passagem a seguir vemos este relato:

> Jesus entrou em Jericó e atravessava a cidade. Havia ali um homem rico chamado Zaqueu, chefe dos cobradores de impostos. Tentava ver Jesus, mas era baixo demais e não conseguia olhar por cima da multidão. Por isso, correu adiante e subiu numa figueira-brava, no caminho por onde Jesus passaria. Quando Jesus chegou ali, olhou para cima e disse: "Zaqueu, desça depressa! Hoje devo hospedar-me em sua casa". Sem demora, Zaqueu desceu e, com alegria, recebeu Jesus em sua casa. Ao ver isso, o povo começou a se queixar: "Ele foi se hospedar na casa de um pecador!". Enquanto isso, Zaqueu se levantou e disse: "Senhor, darei metade das minhas riquezas aos pobres. E, se explorei alguém na cobrança de impostos, devolverei quatro vezes mais!". Jesus respondeu: "Hoje chegou a salvação a esta casa, pois este homem também é filho de Abraão. Porque o Filho do Homem veio buscar e salvar os perdidos". (Lucas 19.1-10)

Zaqueu era o chefe dos publicanos, isto é, o principal entre os cobradores de impostos, também chamado de gerente geral de arrecadações. Segundo lemos nas Escrituras, esse cargo ocupado por ele não era bem visto no meio dos judeus. Essa mesma rejeição se estendia também com relação a Jesus, visto como amigo de tal classe de pessoas. Tanto que lemos em Lucas 7.34 diz: "O Filho do Homem, por sua vez, come e bebe, e vocês dizem: 'É comilão e beberrão, amigo de cobradores de impostos e pecadores'". E sobre esse trecho, podemos destacar alguns pontos:

- A vontade e a disposição de Zaqueu para ver Jesus;
- Uma vontade seguida de uma ação, pois no trecho diz que "correu adiante", mas, por ser de baixa estatura, subiu em uma árvore para poder ver Jesus passar;
- O Mestre para bem debaixo do local onde Zaqueu estava, olha para cima e lhe faz um convite específico para ir à sua casa. Imagino que jamais passara pelo pensamento dele tal honra;
- Jesus o conhecia pelo nome e tinha pressa em estar com ele;
- Sem demora, Zaqueu desceu e, com muita alegria, levou Jesus à sua casa, em meio aos murmúrios, queixas e comentários preconceituosos do povo.

Fico pensando na decepção que alguns arrogantes e presunçosos sentiram por não terem sido escolhidos. Outros, talvez, tenham desdenhado essa escolha, sentindo-se superiores a Jesus, ou, ainda, simplesmente desprezaram a decisão do Mestre, e, quem sabe, pensaram como já acontecera em outra ocasião: "Se esse Homem soubesse quem era Zaqueu, nem iria à casa dele". Entretanto, não acredito que esse pensamento se resumisse somente ao povo, porque talvez os discípulos também tenham ficado intrigados com essa escolha específica e incomum aos olhos da sociedade. Afinal, o Messias deixou claro Seu desejo em se hospedar na casa daquele sujeito.

O interessante é que esse tipo de atitude não é algo que só encontramos nas histórias bíblicas ou um costume exclusivo de um tipo específico de público. Isso acontece conosco. Nossa mente é muito rápida em ter pensamentos com julgamentos, ora condenatórios, ora aprovando, com indiferença regada a desdém ou, ainda, com ciúme e inveja. Tendemos a assumir o papel de juízes e, em questão de milésimos de segundos, somos capazes de julgar, condenar ou aprovar.

Quando leio o trecho acima, não há nenhuma descrição de como foi a conversa de Jesus com Zaqueu. Várias vezes já pensei nisso com curiosidade. O que será que Jesus deve ter falado com ele a ponto de haver tal mudança de conduta prática e radical na vida desse anfitrião? Gostaria muito de aprender com Jesus como abordar pessoas a ponto de trazer tal diferença na vida delas.

Enquanto meditava, lembrei-me de duas experiências que tive. Uma delas aconteceu enquanto eu lia o livro[1] de Charles G. Finney, em 1986. Ele é um exemplar fininho, de 65 páginas, porém tão impactante

---

[1] FINNEY, Charles G. **Uma vida cheia do Espírito Santo**. Curitiba: Betânia, 1980.

que o releio com certa frequência, pois eu me conheço e sei que preciso me lembrar do testemunho de vida desse homem para não me acomodar e assim ter uma vida frutífera. Ele me levou e ainda me faz meditar muito no tipo de vida cristã que devo ter. Também me faz questionar se estou cheia ou mais ou menos da pessoa do Espírito Santo, e com que seriedade e afinco eu busco estar sempre assim.

Finney não se levantava para pregar a Palavra de Deus sem que estivesse muito convicto de que ele estava cheio da presença do Espírito Santo. Se não estivesse assim, orava desesperadamente buscando-O.

Nesse livro, ele conta um fato que viveu e que deu início a um grande avivamento, que muito me impressionou. Ele foi à uma pequena cidade e descreve o fato dizendo:

> Às vezes um olhar encerra em si o poder de Deus. [...] Pregava pela primeira vez em uma vila manufatureira. Na manhã seguinte entrei em uma das fábricas para vê-la funcionar. Ao entrar no departamento de tecelagem, vi um grande número de moças e notei que algumas delas me olhavam, depois umas às outras, de um modo que indicava espírito frívolo e que me conheciam. Eu, porém, não conhecia nenhuma delas. Ao aproximar-me mais das que me tinham reconhecido parecia que aumentavam suas manifestações de mente leviana. Sua leviandade impressionou-me; senti-a no íntimo. Parei e olhei-as, não sei de que maneira, pois minha

mente estava absorta com o senso de sua culpa e do perigo que representavam. Ao firmar o olhar nas jovens, observei que uma delas se tornou agitada. Um fio partiu-se; ela tentou emendá-lo, porém suas mãos tremiam tanto que não pôde fazê-lo [...] Aquela sensação se espalhava, tornando-se geral entre aquele grupo. Olhei-as firmemente, até que uma após outra entregavam-se e não davam mais atenção aos teares. Caíram de joelhos e a influência se espalhou por todo o departamento. Eu não tinha proferido uma palavra sequer [...] Tivemos uma reunião maravilhosa, orei com elas, dei as instruções cabíveis [...] E quase todos os trabalhadores daquele grande estabelecimento, inclusive o dono, criam em Jesus Cristo.

Assim como acontecera naquela fábrica na qual Finney entrou, na visita de Jesus à casa de Zaqueu, pode ser que Ele não tenha proferido uma palavra sequer. Como o autor disse: "Um olhar encerra em si o poder de Deus". Imagine então o olhar de Jesus Cristo, o Filho do Deus vivo, o que não poderia fazer na pessoa de Zaqueu a ponto de constrangê-lo, fazendo com que tomasse decisões de mudanças drásticas, como ocorreu na experiência descrita por Finney: um arrependimento com conversão, uma verdadeira *metanoia*.

Uma outra situação foi quando fui batizada no Espírito Santo, em 1972, na na Zion Church (que, na época, se chamava Igreja Monte Sião) em São Paulo, quando da ministração da *Sister* Müller, uma missionária americana de Shippensburg, Pensilvânia,

Estados Unidos. Nessa época, eu cursava a Faculdade de Medicina em Campinas e lá coordenava um grupo de estudo bíblico e, posteriormente, também um em casa. Como comentei, anteriormente, foi por meio da minha irmã Sarah que soube sobre o que era esse batismo. Ela havia tido a experiência de ter sido cheia do Espírito e estava caminhando nesse mover havia um tempo. Minha irmã inclusive chegou a ter de deixar a igreja tradicional japonesa e formar, após um tempo, a Igreja Monte Sião, que hoje se chama Zion Church.

Ela me falava com muito entusiasmo sobre a pessoa do Espírito Santo e as mudanças que tivera em seu relacionamento com Deus, e me convidava a ter isso também. Eu estava desconfiada, afinal, não estava acostumada com esse tipo de liberdade em Deus. Minha mente tinha preconceitos sobre isso. Então pedi a Deus que me esclarecesse a ponto de não ter nenhuma dúvida sobre o assunto.

Para entender melhor, li o livro de Atos dos Apóstolos e Joel, e, conforme o fazia, o Senhor ia me mostrando o que era aquele batismo. Além de conseguir tirar todas minhas dúvidas com minha irmã. Assim, quando fui para a reunião com a *Sister* Müller, estava convicta de que necessitava disso, como também estava aberta e faminta por mais do Espírito Santo.

Naquele encontro, recebi Seu batismo, um sentimento que me deixou completa e feliz. Estava tão empolgada com o que aconteceu que imaginei que logo a seguir eu veria sinais e milagres, pois estaria cheia de poder para evangelizar e ajudar as pessoas a serem libertas. Do mesmo modo como tinha lido em Atos 1.8: "Vocês receberão poder quando o Espírito Santo descer sobre vocês, e serão minhas testemunhas em toda parte: em Jerusalém, em toda a Judeia, em Samaria e nos lugares mais distantes da terra". Contudo, passaram-se muitos dias e nada de extraordinário aconteceu. Até que um dia, uma enfermeira do Ambulatório de Otorrinolaringologia, onde eu trabalhava, me pediu que visitasse uma outra enfermeira do hospital.

Ela estava internada, desesperada por causa de uma dor intensa em virtude de um câncer de útero. Como se encontrava no mesmo hospital no qual trabalhávamos, eu me propus a vê-la na hora do almoço. Não me esqueço daquele dia, pois era a primeira vez que visitaria uma pessoa nesse estado. Fui até ela, pedindo a Jesus e ao Espírito Santo uma direção, pois nem sabia como abordá-la. Quando cheguei ao quarto vi várias enfermeiras e funcionárias do hospital, muitas das quais eu já conhecia. Algumas estavam em volta da cama, outras sentadas no sofá. Por ser a hora de almoço, aproveitaram o tempo para vê-la. Ela era muito querida e conhecida pelo tempo que trabalhava no hospital.

Logo que entrei ela disse em voz alta e desesperada: "Doutora, eu vou morrer? Estou com câncer e não aguento de dor! Vou me jogar dessa janela!". Era um ambiente triste. Algumas pessoas choravam, outras tentavam trazer algum consolo para ela. Em meio àquelas perguntas eu me sentia perdida, não sabia o que poderia falar ou fazer. Mas isso durou poucos segundos. Foi como se, de repente, eu soubesse exatamente o que precisava ser feito. Imediatamente, pedi para ficar a sós com ela. Assim que todos deixaram o quarto, Deus começou a direcionar minhas palavras. Olhei para ela e disse:

> Sim, eu também vou morrer e pode ser até antes da senhora, pois posso sair daqui agora, ser atropelada e morrer. Pode ser que a senhora viva até mais do que eu. Entretanto, caso isto aconteça há uma diferença: eu sei para onde vou, porque entreguei toda a minha vida a Jesus. Eu tenho certeza de que vou viver eternamente com Ele e isso me dá segurança e paz.

Então ela me olhou e perguntou o que deveria fazer. Compartilhei sobre minha vida como pecadora e o que Cristo havia feito por mim e como me perdoou. Aproveitei e disse que Ele poderia dar a ela uma vida nova e eterna. Expliquei também o motivo do sacrifício de Jesus na cruz. Foi então que ela me disse: "Mas, doutora eu só ajudei as pessoas, só fiz o bem a todos neste hospital; então do que vou pedir perdão a Jesus, se não tenho nada a confessar?". Confesso que naquele momento fiquei sem reação. Então orei por sua dor e saí daquele quarto pedindo que o Espírito Santo a convencesse dos seus pecados.

Não posso negar que deixei aquele quarto com uma certa decepção, entretanto, prometi que voltaria no dia seguinte para ver como ela estava. Quando retornei, tive uma grande surpresa. Ela estava me esperando e logo disse: "Doutora, sou tão pecadora, será que Jesus me perdoa e me aceita?". Respondi muito feliz àquela pergunta, e assim começamos um tempo de confissão de pecados e ela disse crer no sangue de Jesus Cristo que a limpava completamente e entregou sua vida totalmente para Ele. Não sentiu mais dores e foi transferida para um outro quarto com mais pacientes. Cada pessoa que ficava internada com ela era vista como uma nova oportunidade de evangelizar.

Daquele dia em diante foi uma sequência de pessoas entregando a vida para Jesus. Todos ficavam impressionados com a calma e o milagre da ausência de dor que aquela enfermeira experimentava. Aquela que antes praguejava, que queria se matar e que reclamava de dor. Pude ver de perto e experimentar pela primeira vez, o poder do Espírito Santo. Eu não precisei fazer nada, apenas orei para que Ele agisse em sua vida, e a obra completa foi feita. Para mim foi uma experiência tremenda ver Seu poder manifesto. Entendi que isso não depende de quem somos, do que falamos, mas de quanto dependemos e damos espaço a Ele.

Por isso que, ao pensar no encontro de Zaqueu com Jesus, não acho que palavras foram necessárias, pois apenas Seu olhar, Sua presença, somados à fome que havia naquele homem por algo que vinha do Céu, foram suficientes para que uma atmosfera de contradição e arrependimento fosse criada, a ponto de levar aquele chefe principal dos publicanos a uma mudança radical de vida.

O que podemos dizer é que aquele encontro, como disse Jesus, trouxe um *sozo* – palavra grega que representa o processo completo de salvação, cura e libertação, agindo no corpo, na alma e no espírito – na vida dele. Ele disse: "Hoje chegou a salvação a esta casa". Imagino que Zaqueu era um homem com complexo de inferioridade por ser baixinho, além de rejeitado e discriminado pela sociedade por causa da sua profissão, e, com certeza, já ouvira muitas palavras de desprezo, insultos e ofensas. Jesus quando parou debaixo da figueira e olhou para o alto o chamou pelo seu nome. Quem não gosta de ser reconhecido e chamado pelo nome por uma pessoa importante? Jesus sabia o nome dele. Além disso, se dispôs a ir à sua casa. Isso, com certeza, trouxe uma cura em sua alma.

É possível ver a salvação que esse homem recebeu pelo que declarou: "Senhor, darei metade das minhas riquezas aos pobres. E, se explorei alguém na cobrança de impostos, devolverei quatro vezes mais" (Lucas 19.8). Isso é o arrependimento verdadeiro (metanoia). A libertação dele é notória. Livre das mãos do deus Mamon – o deus das riquezas – do materialismo, do roubo, da corrupção, das dívidas, dos subornos, da escravidão e do serviço às riquezas.[2]

---

[2] ENDO, Luiza Hayashi. **Deus faz infinitamente mais**. Santa Bárbara D'Oeste: Z3, 2018.

Isso me faz pensar se os meus cafés, ou chás, são libertadores e terapêuticos com essa intensidade. Houve ocasiões em que, sinceramente, saí correndo para ir tomar café com a mente cheia de tantas coisas para fazer que, ainda que se sentando em frente da pessoa, orando e convidando Jesus para nosso café ou chá, não conseguia sentir a presença do Espírito de maneira intensa. Consequentemente, o café foi mais ou menos terapêutico, se assim posso denominar.

Olhar nos olhos do outro buscando e sentindo a presença intensa de Deus Pai, Filho – Jesus – e do Espírito Santo faz muita diferença. Digo isso por causa de uma experiência recente que tive. Fui convidada para falar em um Encontro de Mulheres, em uma cidade a 91 quilômetros de Florianópolis, conhecida como Cidade das Baleias, por ser o local onde elas vão para dar à luz a seus filhotes, e, inclusive, cheguei a ver algumas poucas delas da janela do hotel, onde estava hospedada.

Junto com o convite para falar às mulheres, foi-me pedido para pregar no culto de domingo à noite, falando sobre a comunhão, a unidade em Cristo e para celebrar a Ceia do Senhor. Estava pensando naqueles dias em como, muitas vezes, a celebração da morte e da ressurreição de Jesus se torna um rito ou uma banalização de algo que Ele pediu que fizéssemos em Sua memória, caso não seja feita com Sua "presença" viva, com entendimento espiritual e não só intelectual. Isso se dá pelo fato de não darmos o valor devido e, muito menos, usufruirmos como corpo de Cristo desse momento tão precioso.

Já quando estava ministrando o momento da ceia, eu disse para cada um cear com Jesus. Mas, antes, pedi que se imaginassem sentados em uma mesa com quatro cadeiras. Como nossa mente é ilimitada, se nós nos entregamos ao mover do Espírito Santo, tudo pode ficar diferente. Foi então que pedi a eles que chamassem Deus para se assentar, seguido do Espírito Santo, ocupando as cadeiras situadas à direita e à esquerda da mesa, e que convidassem Jesus para se sentar bem à frente. Quando Cristo chegasse à mesa, pedi que olhassem em Seus olhos e começassem a agradecer, falando especificamente sobre Sua vida, Seu sacrifício até à cruz, Sua morte e ressurreição.

Claro que eu fiz isso junto com todos e, ao longo desse momento, olhei nos olhos de Jesus e fui totalmente constrangida pelo Seu olhar. Era tão doce e profundo que parecia atingir as profundidades da minha alma. Comecei então a falar para Ele: "Obrigada, Jesus, por ter vindo a nós, por ter andado na Terra ensinando, sendo o Pão da Vida, o Caminho, por ter me dado um destino, justo a mim que não merecia nada mesmo". E, assim, fui falando de cada coisa que Ele havia feito por mim, não queria terminar aquele momento. Lembro que chorei muito ao ver o olhar de Cristo sobre minha vida. As pessoas também choravam, e então sugeri que aproveitassem ao máximo aquele tempo maravilhoso de gratidão, encostando a cabeça no coração d'Ele.

Assim como fez João, o discípulo amado no momento da ceia. Em seguida, comi o pão agradecida, bebi o vinho com o coração enternecido e inundado por tanto amor. Ninguém queria sair do lugar, nem terminar a ceia, e foi então que sugeri que cada um praticasse isso sempre.

Nesse momento me lembrei das pinturas da ceia, como a que Leonardo Da Vinci fizera. Uma obra de arte que até hoje é muito admirada, porém, nela Jesus está no centro e os demais discípulos distribuídos nas laterais, mas não à Sua frente. Até isso pode nos influenciar, pensei. Olhamos para aquela pintura tantas vezes que, na nossa mente, quando se fala de celebrar a ceia, O vemos no centro, olhando para frente e vendo o nada. Talvez em uma mesa comprida, de tal forma que se eu fosse aquela que se assentaria na ponta mal ouviria Sua voz. Entretanto, a posição ou o formato da mesa não importa, porque o que eu realmente quero é ver o rosto do meu Salvador e ser constrangida pelo Seu amor. Pensar nisso é lembrar de Charles Finney, que tanto me inspira.

Recentemente, fiquei feliz ao ver um comentário em um dos livros[3] do pastor Bill Johnson, pois foi algo que entrou em sintonia com meu sentimento. Ele diz já no final: "Charles Finney é um dos grandes avivalistas da história americana". Assim como me impressionou, talvez ele também tenha sido tocado pela história de

---

[3] JOHNSON, Bill. **A presença**. Rio de Janeiro: Luz das nações, 2013.

Finney naquela fábrica, pois ele a cita: "Tudo começou com um homem sobre o qual o Espírito de Deus amava repousar. Ele revela como Deus deseja impactar os arredores daqueles que o hospedam bem". Existe uma responsabilidade enorme em abrigar a pessoa do Espírito Santo. Não devemos sair para falar com as pessoas sem ter certeza de estarmos cheios do poder, da presença do Pai, do Filho e do Espírito. É uma questão de zelo e cuidado por esse relacionamento.

Jesus e os irmãos Marta, Maria e Lázaro

A segunda situação que ilustra bem a conexão terapêutica com Jesus pode ser exemplificada pela amizade que ele tinha com os irmãos Marta, Maria e Lázaro. E, como já falei em capítulos anteriores, o importante é ser amigo de Jesus.

> Jesus e seus discípulos seguiram viagem e chegaram a um povoado onde uma mulher chamada Marta os recebeu em sua casa. Sua irmã, Maria, sentou-se aos pés de Jesus e ouvia o que ele ensinava. Marta, porém, estava ocupada com seus muitos afazeres. Foi a Jesus e disse: "Senhor, não o incomoda que minha irmã fique aí sentada enquanto eu faço todo o trabalho? Diga-lhe que venha me ajudar!". Mas o Senhor respondeu: "Marta, Marta, você se preocupa e se inquieta com todos esses detalhes. Apenas uma coisa é necessária. Quanto a Maria, ela fez a escolha certa, e ninguém tomará isso dela". (Lucas 10.38-42)

Assim como no caso de Zaqueu, Jesus foi recebido na casa dos irmãos Marta, Maria e Lázaro. A diferença desse contato é que eles eram amigos, e Jesus decide ir à casa deles. Isso me remete ao fato de Deus ter escolhido nosso coração como Sua morada. E muito provavelmente a casa dessa família era um lugar onde Cristo tinha liberdade de ir e ficar.

Nesse trecho vemos duas mulheres de temperamentos diferentes. Eu diria que Marta era sanguínea, como bem categorizou Hipócrates, no afã de entender o funcionamento psíquico humano. Ele foi o responsável por formular a teoria da existência de quatro fluidos corporais básicos, dos quais estes determinavam, ao seu ver, o humor do indivíduo. Os humores citados por ele eram o sangue (*sanguis* em grego), a bile (*chole* em grego), a bile negra (*mélas* "negro" e *cholê*) e a linfa (*phlema* em grego, isto é, líquido espesso). Daí surgem os quatro temperamentos: sanguíneo, colérico, melancólico e fleumático. Esses conceitos perduraram por muito tempo, até que estudos realizados por psiquiatras e psicólogos, seja de crianças e/ou de adultos, adicionaram, atualmente, mais um elemento a essa lista. O quinto temperamento é a supina, também chamado de "o submisso". Isso baseado naquilo que aprendi sobre temperamentos, quando fiz o curso que citei anteriormente, "Deus, o homem e os cinco temperamentos", com dr. Danilo.

Para o dr. Danilo, há três principais áreas de necessidades do ponto de vista cristão: espírito, alma e corpo; e do ponto de vista da ciência: psicológico, social e fisiológico. William Schutz, outro teórico importante em relação ao tema, descreve essas áreas de necessidades em 1966, no seu trabalho de relações interpessoais, o FIRO-B (Fundamental Inter-personal Relations Oriented-Behaviour). Dentro das necessidades temperamentais, temos: a necessidade desejada, que é a carência psicológica real do indivíduo; e a expressada, que é a forma comportamental da desejada, aquilo que se sente e expressa. Além disso, essas necessidades temperamentais também se expressam dentro de três áreas: inclusão, controle e afeto.

Resumidamente, uma pessoa que apresenta temperamentos de **inclusão** tem o centro operacional do Espírito, a porção central do homem intelectual como parte de sua orientação social, sendo introvertido ou extrovertido. Essa é a parte de agência central da identidade do indivíduo, na qual se centraliza o potencial do bem-estar espiritual e emocional da pessoa. É a área da mente e do cérebro. Já o **controle** se caracteriza pelo quanto o indivíduo exerce ou sofre domínio por pessoas e/ou situações. E, por fim, o **afeto** consiste na área físico-afetiva que demonstra emoções e sentimentos de forma tangível, assim como se constitui pelo departamento da necessidade das relações pessoais, sejam elas superficiais ou profundas.

Sendo assim, temos como entender que, dependendo do temperamento, teremos diferentes formas de nos relacionar e nos comportar. Assim, talvez se estivermos avaliando Marta e Maria, com base na necessidade do temperamento na área do afeto, teríamos que a irmã mais velha possuía um temperamento sanguíneo, como vemos que era mais extrovertida, movida por relacionamentos, convidando Jesus para se hospedar em sua casa e assim por diante.

Pessoas que são sanguíneas ou extrovertidas absorveram a personalidade do Deus *El-Shaddai*, Aquele que tem peito (coração), o Vertedor ou Derramador de bênçãos. O Senhor coloca n'Ele esse dom maravilhoso do amor, e por isso o sanguíneo é alguém orientado pelas relações pessoais, com uma necessidade intensa de se relacionar com os outros. Eles têm a tendência de serem impulsivos e indisciplinados. Quando vemos Marta acolhendo Jesus, ela é assim, quer cozinhar, receber bem o Mestre e não faz parte de sua natureza assentar-se e se aquietar como fez sua irmã Maria.

Agora quanto à Maria, ela me parece melancólica ou analítica (termo atual). Esse tipo de temperamento, o melancólico, tem relação com a personalidade de Deus *Elohim*, que preza por solitude e pela riqueza de detalhes, Criador de um universo perfeito e lindo, colocando em ordem o caos. Esse é movido pela verdade, lealdade, tem sentimentos profundos, gosta de ter seu tempo a sós e se renova quando faz isso, assim como também é seletivo e exigente nas suas amizades.

Quanto a Lázaro, não conseguimos avaliar seu temperamento, pois não se descreve na Bíblia as características dele. Porém, como homem daquela época, imagino que ele tenha deixado os afazeres para as irmãs ou talvez estivesse fora de casa trabalhando em algo, ou, ainda, não estivesse bem-disposto fisicamente, pois, em um outro momento, vemos que ele morreu.

Contudo, uma coisa é certa: Jesus os conhecia bem e tinha a liberdade de estar naquele lar. Penso que até mesmo para tomar um café ou coisa equivalente da época.

A verdade é que Maria soube aproveitar esse momento. Ela sabia da importância de estar com Jesus e ouvi-lO. As multidões O procuravam por toda parte para ouvirem Seus ensinamentos e verem Seus milagres. Já os três irmãos, eles tinham o privilégio tê-lO em sua casa. Marta estava preocupada e inquieta com muitas coisas, como comida, bebida e os detalhes da mesa, enquanto Maria se assentava para ouvir o Mestre. Eu mesma já tive a experiência de tomar café com pessoas desses dois tipos.

Mas o interessante é que vemos o comportamento dessas irmãs depois, na narrativa de João sobre a morte de Lázaro, em João 11.1-45. Como a doença acarretada em óbito era uma situação triste, com certeza, essas irmãs gostariam de ter Jesus perto. Porém, Ele não estava lá naquela hora. Porventura teria se atrasado? Não. Ele nunca se atrasa!

Jesus chegou passados quatro dias da morte de Lázaro, tanto que o rapaz já estava enterrado. Quando

Ele chegou, Marta e Maria tiveram a mesma reação dizendo: "Se o Senhor estivesse aqui, meu irmão não teria morrido". Elas criam no poder de cura que havia em Jesus, mas não no poder da ressurreição. Contudo, puderam experimentar o amor e o poder surpreendente de Cristo com a ressurreição do irmão, que era um amigo querido d'Ele, como vemos em João 11.3: "As duas irmãs enviaram um recado a Jesus, dizendo: 'Senhor, seu amigo querido está muito doente'". Mais um encontro tremendamente terapêutico: um morto que volta à vida e duas irmãs desesperançadas reanimadas com vigor novo em sua fé.

Em João 12.1-7, vemos outra situação:

> Seis dias antes de começar a Páscoa, Jesus chegou a Betânia, onde morava Lázaro, o homem que ele havia ressuscitado dos mortos. Prepararam um jantar em homenagem a Jesus; Marta servia, e Lázaro estava à mesa com ele. Então Maria pegou um frasco de perfume caro feito de essência de óleo aromático, ungiu com ele os pés de Jesus e os enxugou com os cabelos. A casa se encheu com a fragrância do perfume. Mas Judas Iscariotes, o discípulo que em breve trairia Jesus, disse: "Este perfume valia trezentas moedas de prata. Deveria ter sido vendido, e o dinheiro, dado aos pobres". Não que ele se importasse com os pobres; na verdade, era ladrão e, como responsável pelo dinheiro dos discípulos, muitas vezes roubava uma parte para si. Jesus respondeu: "Deixe-a em paz. Ela fez isto como preparação para meu sepultamento".

Tenho quase certeza de que a iniciativa desse jantar foi de Marta, a sanguínea, falando: "Jesus trouxe de volta nosso irmão Lázaro. Vamos fazer-lhe uma homenagem? Acho que um jantar vai bem!". Imagino Maria pensativa em como poderia demonstrar toda sua imensa gratidão. Como os discípulos de Jesus também estavam presentes, com certeza, além de preparar os alimentos, ela os servia. Provavelmente essa mulher se encaixaria como "supina" em uma das três necessidades de seu temperamento, visto que a linguagem de amor destes é de serviços.

Maria, por sua vez, pegou um frasco de perfume muito caro e ungiu os pés de Jesus. Segundo a Bíblia de Estudo Palavras-chave – Hebraico/Grego, publicada pela CPAD, os judeus não estavam acostumados somente a ungir a cabeça por ocasião das festas em sinal de alegria, como também os pés das pessoas a quem desejavam prestar honra especial. No caso dos doentes, bem como dos mortos, eles ungiam o corpo todo.

Pelo que vimos, Maria preparou uma homenagem especial para Jesus. Podemos dizer que o estar aos pés do grande Mestre deu a ela um crescimento na sua intimidade com o Filho de Deus, de tal forma que ela não mediu esforços e nem preço: deu seu melhor. O seu ato encheu a casa de perfume e, após o comentário de Judas Iscariotes, Jesus dá uma resposta a ele que nos faz refletir. Há coisas que devem ser feitas no tempo certo. Quando Cristo morreu, sendo crucificado e sepultado, as mulheres foram ao terceiro dia com seus aromas ungir Seu corpo e já não O encontraram lá, pois havia ressuscitado.

Maria foi aquela que soube o tempo certo para honrar e homenagear o Mestre, ungiu-O enquanto estava vivo e em sua casa. Aquele foi mais um encontro de Jesus com os três amigos, do qual imagino que tenha sido profundamente terapêutico para Ele e para os três irmãos. O Filho de Deus se alegrou ao receber esse carinhoso gesto dessas irmãs, pois cada uma o fez dando seu melhor.

Do mesmo modo, nosso tempo terapêutico com Jesus deve ser constante como era o desses três irmãos. Ele tinha amizade terapêutica com os três e tinha prazer em se hospedar na casa deles e de estar com eles. Com isso, reflita se sua casa, sua pessoa, quem você é dá esse tipo de prazer ao Filho do Deus vivo!

Capítulo 10

As dificuldades para o encontro terapêutico

> O caminho dos justos é como a primeira luz do amanhecer, que brilha cada vez mais até o dia pleno clarear. (Provérbios 4.18)

Sou convidada com certa frequência para falar às mulheres em chás da tarde, em eventos de várias igrejas de Campinas e região. Geralmente, o número de pessoas que participam desses encontros é muito grande, o que me levava muitas vezes a pensar: "Mulheres gostam desses chás ou cafés, e isso é estratégico para reuni--las e falar da Palavra de Deus". No entanto, o mesmo não acontece com os homens, porque não me lembro de meu esposo ter sido convidado para falar a eles em eventos desse tipo.

Quando vou a uma padaria para tomar café ou chá, normalmente no começo ou fim da tarde, vejo muitas mulheres conversando animadamente, reunidas em torno de uma mesa. Tenho percebido que, convidar alguém para um café terapêutico, instiga a pessoa a atender ao convite, ávida para ouvir sobre algo. Já os homens, aparentemente, têm muita dificuldade para tais encontros, apesar de alguns gostarem de degustar um bom café. Penso que isso se deve porque a dificuldade deles em se conectar é maior do que para nós, mulheres.

O dr. Fábio Damasceno, em seu livro *O mistério macho e fêmea*[1], diz que Deus criou o homem e a mulher à

---

[1] DAMASCENO, Fábio. **O mistério macho e fêmea**: impasses do casal e as soluções bíblicas. São José dos Campos: Inspire, 2016.

Sua imagem e semelhança e com características próprias. Durante a Criação sabemos que o Senhor olhou para Adão e deu a ele Eva, porque viu que não é bom que o homem esteja só. Sendo assim, as características de um e de outro se complementavam no casamento e de modo perfeito. O homem com a racionalidade, objetividade, voltando-se mais para o pensamento do que o sentimento, com maior capacidade de decisão e de ser ousado. Já a mulher foi criada de forma a se mover mais pelos sentimentos, ter visão dos detalhes, sendo mais apta para estabelecer conexões e com uma característica interessante e peculiar, que é a intuição. Isso antes da Queda, da desobediência a Deus.

Mas agora, sob essa perspectiva de pecado no mundo, vivemos, até hoje, todas as distorções dentro dos relacionamentos, tanto familiares quanto conjugais. Nesse mesmo livro, o dr. Fábio diz:

> Aquilo que antes era qualidade e talento ganhou contornos exagerados e passou a ser também um problema, misturando-se as qualidades e defeitos. Os machos ficaram presos à racionalidade e com isto demonstram dificuldade em entrar em contato com as emoções mais profundas e ter empatia, isto é, se identificar com a dor alheia. Estão mais preocupados com "o que fazer", pensam muito e ouvem pouco e suas decisões são centradas em si mesmos. Essas estruturas são rígidas e estão mais ligadas à imaturidade e ao pecado.

A partir disso, entendemos o fato de os homens terem mais dificuldade em conectar-se com o outro, como saírem para tomar um café e conversarem. Para eles, um churrasco é mais interessante e atraente, com um número maior de pessoas, que não implica ter de falar sério sobre si mesmo. Em sua maioria, as conversas giram em torno de futebol, basquete, carros, trabalho, comida, restaurantes, de tudo, menos falar de seus sentimentos.

As fêmeas também sofreram distorções com a queda: a nova condição exagerou sua afetividade, alterando seus relacionamentos e a intensidade emocional: sentimentos de posse do ser amado e medo de perdê-lo, tendência a exercer controle na relação com dificuldade em permitir que o outro viva a sua individualidade.

Tanto o homem como a mulher, quando nascem na família de Deus por meio de Jesus Cristo, necessitam se libertar de suas distorções, sair de sua zona de conforto, amadurecer como pessoa e como cristão para buscarem a imagem e semelhança de Cristo. E além de todas essas distorções, todos nós carregamos deturpações nos temperamentos. Antes da Queda, estes eram equilibrados nas três áreas de inclusão, controle e afeto, como bem diz Danilo Polanco. Assim como também eram moderados os traços decorrentes das heranças transgeracionais e as espirituais, sendo elas boas e más, além das iniquidades, traumas e feridas da alma. Somos seres necessitados de Salvação, Cura e Libertação (*sozo*), para voltarmos a ter a imagem e semelhança de Deus.

A Bíblia diz que Davi era segundo o coração de Deus, um exemplo de amizade entre os homens. Davi foi amigo de Jônatas, o filho mais velho do rei Saul, desenvolvendo uma amizade linda, profunda e aliançada:

> Depois que Davi terminou de falar com Saul, formou-se de imediato um forte laço de amizade entre ele e Jônatas, filho do rei, por causa do amor que Jônatas tinha por Davi. A partir daquele dia, Saul manteve Davi consigo e não o deixou voltar para a casa de seu pai. Jônatas assumiu um compromisso solene com Davi, pois o amava como a si mesmo. Para selar essa aliança, Jônatas tirou seu manto e o entregou a Davi, junto com sua armadura, sua espada, seu arco e seu cinturão. (1 Samuel 18.1-3)

Ter amizades assim não são tão comuns, como também é raro fazer alianças dessa forma, pois não faz parte do nosso cotidiano. Davi era vitorioso nas batalhas contra os exércitos inimigos e era amado pelo povo por isso. Ainda assim, o rapaz teve dificuldades no relacionamento com o pai de Jônatas, por causa da inveja que Saul sentia. Entretanto, essa desavença entre eles não prejudicou a amizade que tinham. Nas horas difíceis eles se ajudavam mutuamente. Apesar de ser o filho do rei, o provável sucessor no trono, Jônatas reconhecia a unção de Deus que havia sobre Davi. Assim, ele o ajudou, inclusive, a fugir da ira de seu pai, ciumento e inseguro. Esse exemplo de homem nos mostra que é possível, sim, ter alianças eternas, como assim manteve sua palavra mesmo após a morte do seu amigo Jônatas, cuidando do filho dele, Mefibosete, aleijado dos dois pés. Ele o sustentou, fazendo que o menino sempre participasse e comesse à sua mesa (2 Samuel 9.13).

Tenho aprendido isso e visto a fidelidade de Deus em minha vida, como em alguns anos atrás, quando eu estava em uma das reuniões com vários pastores e líderes de Campinas e cidades vizinhas que buscavam a unidade do Corpo de Cristo. Quase no fim da reunião, senti que Deus queria que eu fizesse uma aliança de amizade com a esposa do pastor que estava coordenando aquele encontro. O interessante é que aquele ato foi recíproco, pois, no momento em que eu estava andando até sua direção, ela começou a fazer o mesmo.

Quando iniciamos a conversa, ela me disse que sentiu do Senhor um desejo de fazer uma aliança comigo, porque isso era para nos edificar. De forma solene, pegou nas minhas mãos, olhou em meus olhos e orou: "Não a conheço direito, sei que somos muito diferentes, porém, como Deus me falou para fazer esta aliança de amizade, prometo manter esta amizade, sendo fiel em ajudar e sustentar sua vida com oração e para estar com você para o que der e vier". Depois daquele dia, ficamos de nos encontrar novamente e assim reafirmamos nossa aliança. Por várias ocasiões, trocamos presentes como fez Jônatas com Davi.

Nunca tinha passado por uma experiência semelhante, porém, nossa amizade foi se estreitando e, até hoje, uma vez ao mês, nos encontramos para termos nosso café em uma verdadeira amizade que é terapêutica. Nem uma ruptura que houve dentro desse grupo de pastores foi capaz de quebrar essa nossa amizade, uma aliança que perdura por mais de vinte anos. Essa minha amiga passou por muitas situações difíceis, assim como eu, porém carregamos a carga, uma da outra, e fomos reciprocamente sustentadas pelas orações. Atualmente, ela viaja muito para vários locais do Brasil e do exterior, mas sempre me deixa um recado pedindo oração. Montamos um grupo no WhatsApp com mais três pastoras e, assim, nós nos comunicamos rapidamente para marcar nossos encontros e para passar informações de como estamos ou pedir oração quando necessário.

Ter o coração segundo o coração de Deus é o que nos leva a manter amizades como a de Davi e Jônatas, e isso não depende do sexo, do temperamento ou do nosso histórico de vida, mas de buscar crescimento e maturidade por meio dos relacionamentos. Conheço pessoas que eram daquela época e que quando nos encontram perguntam: "Vocês ainda se reúnem? Nos chamem". Porém, entre nós existe uma amizade baseada na aliança e confirmada por Deus que não é superficial, e isso faz muita diferença.

Infelizmente, hoje vemos tantas pessoas dizendo-se solitárias e sem amizades. Contudo, também não há um esforço da parte delas ou disposição para se sacrificar para manter tal tipo de relacionamento. Vivemos na pós-modernidade, em que todo relacionamento tende a ser como os alimentos de hoje, *light*. Pessoas se encontram e dizem: "Estou com saudades de você", mas não perguntam seu endereço, se tem um dia livre para tomar um café e colocar a conversa em dia ou para saber como cada um está. "Sinto sua falta", "Vamos tomar café um dia desses" ou até mesmo "Amo você" viraram palavras sem significado.

Isso me lembra de dois livros que li há alguns anos. Um deles é *Todos se comunicam, poucos se conectam*[2], em que o autor cita pontos que me chamaram a atenção e sobre os quais faço meus comentários (entre parênteses):

> Conectar-se requer:
> – Iniciativa... Seja o primeiro (Será que estou disposta?)
> – Transparência... Prepare-se (Sem medo de ser você)
> – Altruísmo... Doe (Tempo, dinheiro, atenção, amor etc.)
> – Energia... Recarregue-se (Se necessário, reveja a sua saúde integral). (Acréscimos da autora)

---

[2] MAXWELL, John C. **Todos se comunicam, poucos se conectam**: desenvolva a comunicação eficaz e potencialize sua carreira na era da conectividade. São Paulo: Thomas Nelson Brasil, 2010.

Já o outro livro muito interessante sobre este assunto é o *Why am I afraid to tell you who I am?* [3] (Por que estou com medo de falar quem eu sou?), de John Powell. Nele, li que Jesus nos conhece e nos ama do modo como somos. Ele não esperou que eu melhorasse para ser aceita, aliás, se fosse assim, jamais teria sido inserida em Seu amor, pois só posso me aperfeiçoar dependendo d'Ele e de Sua ajuda. Como diz o título do livro, temos medo de que outros saibam quem nós somos, porém, como diz o autor, estamos sempre em processo de crescimento.

A cura da alma começa quando eu exponho minhas feridas, meus medos, minhas limitações e os compartilho com alguém. Temos a tendência de ser como o general Naamã e nos vestimos com roupas pomposas para sermos respeitados, mas podemos estar com nosso interior cheio de lepra.

> O rei da Síria tinha grande respeito por Naamã, comandante do seu exército, pois, por meio dele, o Senhor tinha dado grandes vitórias à Síria. Mas, embora Naamã fosse um guerreiro valente, sofria de lepra. (2 Reis 5.1)

Às vezes agimos de um modo que precisamos usar máscaras e desempenharmos papéis específicos para nos sentirmos aceitos e importantes, como diz Powell

---

[3] POWELL, John. **Why am I afraid to tell you who I am?**. Grand Rapids: Zondervan, 1998.

em outro livro[4]: "Ser honesto consigo mesmo exige que se desista desses atos e papéis. Mas antes da renúncia, deve haver reconhecimento".

Nesse livro existe um capítulo bem sugestivo: "Devemos partilhar com aqueles com quem nos relacionamos todos os nossos sentimentos significativos". A verdade é que desde criança aprendemos a desempenhar papéis. Me recordo de que, quando mais nova, nas vezes em que minha mãe visitava alguém, eu e meus irmãos recebíamos as seguintes instruções: "Fiquem comportados, sejam educados, não briguem, não comam como um esfomeado na casa dos outros".

Entendo que tudo isso era necessário para mostrar que éramos educados, porém, quando eu via a mesa cheia de guloseimas, apesar do desejo de avançar e comer muito mais, comia pouco. Se insistissem para comer mais, dizia: "Não quero, muito obrigada, estou satisfeita". Porém, queria comer muito mais. Se alguém vinha com crianças nos visitar e elas mexessem nas nossas coisas, a gente sorria, quando, na verdade, a vontade era de esbravejar. Se estávamos de mau humor, deveríamos sorrir para não parecer desagradável. Se alguém perguntasse "Tudo bem?", deveríamos responder que sim. Isso, tendo em vista que ter educação implica em sacrifício. Porém, com isso, fomos aprendendo a desempenhar papéis e deixamos de ser sinceros.

---

[4] POWELL, John. **Arrancar máscaras! Abandonar papéis!:** a comunicação pessoal em 25 passos. São Paulo: Loyola, 1987.

Contudo, quando tratamos das nossas mazelas interiores através do sozo, no sentido verdadeiro desta palavra, crescemos, nos tornamos mais compreensivos, menos juízes e com nossa identidade de filhos amados de Deus muito bem firmados. Assim, nos tornamos mais seguros e sem medo de ficarmos vulneráveis. O mais importante de tudo é que isso traz crescimento. E se desejamos trilhar a vereda dos justos e brilhar mais e mais, não há outra opção. Por isso, conecte-se, busque amizades terapêuticas!

Considerações finais

Este livro foi escrito para que você aumente seu desejo de ter um tempo de qualidade com as pessoas que o cercam. Isso, tendo em vista que hoje muitos vivem solitários em meio a tantos seguidores virtuais. Tenho lido alguns livros que sugerem meditação para acalmar a mente e libertar pessoas do pensamento acelerado, porém, um que me chamou à atenção foi *Como Deus pode mudar sua mente*[1], em que o autor diz:

> A meditação faz muito bem para o cérebro, mas quando surge a necessidade de aumentar rapidamente os poderes da cognição, é difícil competir com duas xícaras de café fresquinho. Segundo alguns estudos, o café pode inclusive reduzir os riscos de diabetes, gota, mal de Parkinson e mesmo alguns tipos de câncer. [...] Para aqueles que não gostam de café, os chás "cafeinados" (verde, mate e preto) também podem melhorar a saúde cognitiva e mental. Eles

---

[1] NEWBERG, Andrew; WALDMAN, Mark Robert. **Como Deus pode mudar sua mente**: um diálogo sobre fé e ciência. São Paulo: Prumo, 2009.

apresentam a maioria dos benefícios fisiológicos associados ao café e ainda diminuem a pressão arterial. [...] O chá também tem outro ingrediente, a L-teanina, que aumenta a cognição neural.

Mas mesmo com todos os benefícios de ter um tempo de qualidade com uma pessoa, e também de tomar um café ou chá feito na hora, digo que nosso café nunca será terapêutico se não houver o mais importante, a Trindade, Deus Pai, Filho e Espírito Santo, permeando o ambiente e criando uma atmosfera de amor, cura e esperança.

Por fim, busque ter mais tempo de qualidade com os outros e, principalmente, com aqueles Três que realmente importam.